国资的未来

郑志刚 著

中国人民大学出版社
·北京·

图书在版编目（CIP）数据

国资的未来 / 郑志刚著. --北京：中国人民大学出版社，2025.1. --ISBN 978-7-300-33148-5

Ⅰ.F123.7

中国国家版本馆CIP数据核字第20244WT320号

国资的未来

郑志刚　著

Guozi de Weilai

出版发行	中国人民大学出版社		
社　　址	北京中关村大街31号	邮政编码	100080
电　　话	010-62511242（总编室）	010-62511770（质管部）	
	010-82501766（邮购部）	010-62514148（门市部）	
	010-62515195（发行公司）	010-62515275（盗版举报）	
网　　址	http://www.crup.com.cn		
经　　销	新华书店		
印　　刷	德富泰（唐山）印务有限公司		
开　　本	890 mm×1240 mm　1/32	版　次	2025年1月第1版
印　　张	7.5	印　次	2025年1月第1次印刷
字　　数	163 000	定　价	69.00元

版权所有　　侵权必究　　印装差错　　负责调换

前言
将国企混合所有制改革进行到底

从2013年启动的以所有制混合为特征的新一轮国企改革如今已经实施了十余个年头。2022年更是成为国企改革三年行动方案的收官之年。那么，为什么在国企改革三年行动方案收官、国有资本投资管理体系改革提上重要议事日程的背景下，我们依然需要坚持把国企混合所有制改革进行到底呢？

第一，混改引入的民资背景的战略投资者是推动国有企业经营机制转换的关键力量。

国企改革先后经历了20世纪80年代中期以来推行的股份制改造，目前引入战投的混合所有制改革。从形式上看，股份制改造和混合所有制改革一样，都实现了资本一定程度的社会化。但为什么在2013年之后我们依然需要启动以所有制混合为特征的新一轮国企改革？其中很重要的原因在于，资本社会化仅仅引入了财务投资者，解决了国企的外部融资问题，而在国资一股独大的股权结构下，没有过多触及国企经营机制转换乃至国企经营管理效率提升等至关重要的治理规范问题。

我们以资本社会化程度最高的国有上市公司为例。在国资一股独大背景下，国企固有的所有者缺位问题在上市后并没有从根本上得到解决，政府相关国有资产管理部门不得不越俎代庖，管人管事管企业，但由于鞭长莫及，往往形成内部人控制问题。这里所谓的"所有者缺位"，用弗里德曼曾经说过的一句话来比喻，那就是"花别人的钱，办别人的事，既不讲效率，也不讲节约"。所谓的"内部人控制"，指的是被任命的董事长利用实际控制权谋求私人收益，损害包括国资在内的股东利益。内部人控制问题与国资所有者缺位问题相伴相生。由于没有从根本上解决国资所有者缺位问题以及内部人控制问题，所有基于我国A股上市公司的严谨实证研究表明，国有上市公司的经营效率远远低于作为对照的非国有上市公司。总结股份制改造的历史经验，我们不难得出以资本社会化和引入财务投资者为典型特征的股份制改造并不能真正帮助国企成为现代企业的结论。

不容置疑的是，股份制改造对于国企改革阶段性改革任务的完成的历史贡献不可磨灭。正是由于股份制改造的完成，一些建立了规范治理制度的国有上市公司才取得了良好的经营绩效，成为今天我们推动国企混改的理想标杆和现实榜样。对于那些尚未建立规范治理制度的国有企业，股份制改造建立的操作规程也为今天通过混改引入民资背景的战略投资者奠定了程序基础。

很多读者也许注意到，与上一轮国企改革的股份制改造不同，以所有制混合为特征的新一轮国企改革不是泛泛地强调资本的社会化和股权结构的多元化，而是强调引入民资背景的战略投资者，实现所有制的混合。这里强调民资背景，是希望利用民资明确的盈利动机和责任承担能力使之成为推动国企经营机制转换和公司治理规范的持续力量，而并非"花别人的钱，办别人的事，既不讲效率，也不讲节约"。我们观察到，在过去的国企混改实践中，一些国企引入新的国资作为战投也被认为是国企完成了混改。值得注意的是，国资之间的合并重组作用也许在于化解过剩产能，优化产业布局，提升国企竞争力。由于没有从根本上触及国资所有者缺位问题，以及进而诱发的内部人控制问题，国资之间的"混改"对于推动国企经营机制转化的实质作用有限。天津渤海钢铁的混改经历为我们提供了极好的案例。通过合并天津当地的四家钢铁企业，天津渤海钢铁在很短时间内进入世界500强。但好景不长，由于债务爆雷，天津渤海钢铁不得不重新分家，部分企业开始引入民资背景的战略投资者德龙钢铁重新进行混改。

而新一轮国企改革强调引入民资背景的战略投资者，是希望引入的民资的持股比例足够大，能够与国资形成制衡的股权结构，改变国资一股独大的格局，规范公司治理，而并非引入单纯关注投资回报的财务投资者。在历史上，实现了资本社会化的股份制改造所引入的就是财务投资者，但国企改革的真正目标并未由此实现。

我们看到，将二者结合起来，引入民资背景的战略投资者实现所有制的混合，就是希望从实现盈利的动机出发。这些引入的民资背景的战略投资者，由于投入一定规模的资本，形成制衡的股权结构，在股东大会相关议案的通过与否决上具有一定的影响力，同时，由于投入能为自己可能做出的错误决策承担责任的真金白银，会设身处地地思考议案的科学性和合理性，最终帮助混合所有制企业形成一种有效的自动纠错机制，持续推动国企经营机制的转换和公司治理的规范。前一条我把它总结为"形成制衡构架"，后一条我把它总结为"实化股东责任"。对于国企所有者缺位问题,这两条显然是对症的"良药"。

即使是从事基础战略性行业的国企,引入战投混改后依然需要国资控股。中国联通采用"在股权结构上国资占优,但在董事会组织中战投占优"的混改模式,通过允许民资背景的战略投资者BATJ(百度、阿里巴巴、腾讯、京东)超额委派董事,提升了其话语权,形成了相对制衡的治理构架,实现了中国联通经营机制的转换和公司治理的规范。很多学者用"混改挽救了中国联通""中国联通的气质发生了改变"来形容混改后的中国联通。

正是基于上述考虑,在国企之间的"混改"被作为成功案例如火如荼地推广的很多年前,我就曾经多次大声疾呼:"与其并,不如混;只有混,才能改。"

第二,混改引入的民资背景的战略投资者是推动国有企业规范公司治理的重要元素。

一段时期以来,提高外部董事的比例成为规范国企公司治理的重要举措。例如,为了规范金融机构的公司治理,防范系统性金融风险,金融监管当局在所有的金融机构中强制推行外部(独立)董事制度,即使是100%全资控股的子公司也概莫能外。脱胎于德国的外派监事制度,同时吸收了英美独立董事制度的成功之处,以上级母公司名义委派的外部董事被寄予了加强对公司管理层的监督、规范国企公司治理的厚望。这些担任外部董事的人往往曾经担任旗下其他公司的高管。我们的问题是,提高了外部董事的比例进而提高了国企董事会的独立性,这些国企的治理就更加规范了吗?

尽管与之前相比，上述举措确实提高了公司决策的透明度和增加了违规行为发生的成本，但我们不得不承认的一个事实是，这些外部董事消极免责的动机往往大于积极主动履职的动机。提高董事会的独立性是英美治理模式下规范公司治理的通例，但为什么在我国国企中却不能发挥预期的作用呢？我们知道，在股权高度分散的英美等国的公司，其治理构架的流行模式是除了CEO外，全部为外部董事的所谓"董事会中心"。在英美模式下，股权高度分散，没有什么大股东，在董事会中心模式下，独董可以直接挑战董事会的议案。不同于英美等国的董事会中心模式，我国国企中存在一股独大的国资，因而是我所谓的国有股东中心模式。这是我国国企在公司治理制度安排上的独特之处。在我国国企的国有股东中心模式下，一旦通过某种前置程序形成某项议案，外部董事即使存在不同看法，但由于预计难以改变大股东的意志，往往也只能选择沉默，甚至纵容。

容易理解，要想一位外部董事挑战主要股东提出的不合理议案，在国企发挥预期的监督作用，则在国企的股东中，至少应存在足以与主要股东制衡的其他股东认同他的行为，支持他的行为，为他"伸张正义"，他才有动机积极作为，而不是消极免责。换句话说，外部董事在我国国企国有股东中心模式下更好地发挥监督作用、实现规范治理目标的前提条件是存在制衡的股权结构。而这一制衡的股权结构的形成无疑有赖于国企混改引入的民资背景的战略投资者。

因此，我们不应该简单苛求一家国企的外部董事认真履职（甚至理论上对股东负有法律上的诚信义务），而是应该检讨，我们是否能够通过形成制衡的股权结构为其积极履职提供伸张正义的制度环境和文化氛围？当然，我们也不应对通过提高外部董事比例实现规范国企公司治理的目标抱有太高的期望。不试图改善外部董事履职的制度环境和文化氛围，而一味强调通过提高外部董事比例来规范国企公司治理无异于刻舟求剑，不可避免地产生南橘北枳的结果。

同样从形成制衡的股权结构的目的出发，我们看到，能够真正帮助外部董事积极作为的只能是持有一定股份、具有一定影响力和话语权的战略投资者，而不是财务投资者；只能是盈利动机明确的民资，而不是目标多元、"既要又要还要更要各种要"的国资。因此，从规范国企公司治理的目的出发，我们同样需要通过混改引入民资背景的战略投资者，将国企混改进行到底。

第三，混改引入的民资背景的战略投资者成为国有资本投资、运营公司进行投资管理，进而建立国有资本投资管理体系的凭借。

随着国企改革三年行动方案的收官，国有资本投资管理体系改革被提上重要的议事日程。国有资本投资管理体系改革的核心是，产业集团通过向国有资本投资、运营公司转型，实现从"管人管事管企业"向"管资本"的转化。前面的分析表明，如果没有在子公司和孙公司层面引入民资背景的战略投资者进而形成制衡的股权结构，国资依然一股独大，那么国资势必在包括子公司的董事会组织和经营战略的制定上"大包大揽"，势必继续维持"既管人，又管事，还管企业"的局面，这又如何能实现从"管人管事管企业"向"管资本"的转化呢？

容易理解，管资本的前提是在实体经营层面形成制衡的股权结构。共同的投入和接近的出资比例决定了包括产业集团转型后形成的国有资本投资、运营公司在内的全体股东需要共同遵循同股同权原则，在充分协商的基础上，以多数决原则对重大事项做出最后的裁决。因而国资只能通过在股东大会上按照出资比例所反映的表决权来影响相关决策，管资本自然就代替了之前的管人管事管企业。

我们接下来的问题是，国有资本投资、运营公司通过在实体经营层面"管资本"，进而形成新的国有资本投资管理体系，其运行将是稳定和有效的吗？我们知道，监督是公司治理确保实现"投资者按时收回投资，并取得合理回报"的基本工具。这里既包括股东委派专业的董事对负责经营的管理团队的监督，也包括股东通过定期更换遴选董事的方式对负责监督管理团队的董事进行监督。对于股权多元的公司，监督活动具有"非排他性"与"非竞争性"的准公共品性质。这意味着一位努力履行监督职责的股东无法阻止没有任何付出的其他股东按照持股比例分享他通过积极监督带来的可观的利润。正是基于上述考量，传统公司治理理论强调监督收益足以覆盖监督成本的大股东在公司治理中的特殊担当：他要成为外部分散股东在监督这一准公共品提供过程中搭便车的对象，即大股东更多地承担监督职能，外部分散股东则理性选择搭便车。

在目前国企的国有股东中心模式下，国资大股东可以成为中小股东规范公司治理搭便车的对象吗？前面的分析表明，由于国资大股东先天的所有者缺位问题和进而诱发的内部人控制问题，中小股东指望搭它的便车看上去并不靠谱。国企改革被迫从已经形成国资大股东的股份制改造阶段升级到引入民资背景的战略投资者的混合所有制改革阶段的事实从另外一个角度表明，国资大股东可能并非适合作为外部中小股东搭便车的对象。

那么，谁才有能力成为在国有资本投资、运营公司转型"管资本"后中小股东乃至国资本身规范公司治理搭便车的对象呢？前面的分析表明，通过混改引入的民资背景的战略投资者不仅盈利动机明确，而且投入的真金白银能够为其所做出的错误决策承担责任，成为推动国有企业经营机制转换的关键力量和推动国有企业规范公司治理的重要元素。因而，通过混改引入的民资背景的战略投资者由此成为国资投资管理解决所有者缺位问题搭便车的对象。存在所有者缺位这一先天痼疾的国资也许需要借助民资背景的战略投资者来真正实现经营机制的转换和公司治理的规范。

事实上，新加坡淡马锡的国有资本投资管理模式之所以是成功的，不在于淡马锡的激励充分的投资管理团队多么独具慧眼、多么恪尽职守，而在于其意识到了国有资本在履行公司治理职责中的先天不足，通过设计制衡的治理构架，让这些民资背景的战略投资者在规范经营实体公司过程中冲在最前面，选择让国资的投资管理搭民资背景的战略投资者的便车。

我们知道，淡马锡是由新加坡财政部全资设立和控股的国企，持股40多家各类重点企业，旗下各级企业共计2 000多家，涵盖金融、能源、交通、通信等重点经济领域主要企业。自成立以来，淡马锡在全球范围积极开展参股控股、基金和证券投资等多种形式的投资，如今管理着近两万亿元的资产。根据淡马锡公布的2021年度年报，公司当年投资回报率达24.53%，自成立以来股东总回报率为14%，且旗下企业无一亏损。

值得我们注意的是，淡马锡并不因为其政府背景肆意干预旗下公司的经营管理，而是严格按照新加坡公司法运作，以实现盈利为目标，推动国有资本的保值增值。作为旗下公司的大股东，淡马锡没有刻意追求对企业经营决策的控制权，更没有像我们的一些产业集团那样，对控股或参股的子公司和孙公司"管人管事管企业"。例如，淡马锡作为大股东对新加坡航空公司没有派出任何董事，不参与该公司的经营决策，只是定期享受股东的分红。

换一种说法，新加坡淡马锡模式的核心逻辑是遵循市场经济的发展规律，激发市场中的企业家精神，通过选择国资的投资管理搭民资背景的战略投资者的便车，实现治理效率的提高。2022年年底，香港特区政府借鉴新加坡淡马锡的投资管理体系和运营理念，设立"港投资"，被誉为"港版的淡马锡"。我们看到，新加坡淡马锡模式已经超越新加坡这一小国，而成为国有资本投资管理体系的一般经验和成功模式，值得国有资本在国计民生中占有举足轻重地位的我国在国有资本投资管理体系改革过程中认真加以借鉴。

那么，未来我们如何体现我国国有资本投资管理体系的中国特色呢？受到国有资本规模的限制，在新加坡，由财政部担任出资人的一家淡马锡，作为所有经营实体的国有资本投资、运营公司也许就够了。然而，鉴于中国国有资本规模十分庞大，再加上历史上由相关部委转型而成的产业集团存在路径依赖的事实，也许我们需要在每个产业中分别形成一家"淡马锡"，由它们来履行国有资本投资管理职能。我把基于我国众多产业集团转型国有资本投资、运营公司进而未来搭建的国有资本投资管理体系总结为"国有资本投资

管理体系的 N 家淡马锡模式"。换句话说，如果新加坡是一家淡马锡模式，那么，我国国有资本投资管理体系未来应该是"N 家淡马锡模式"，它构成了我国制度背景下的国有资本投资管理体系的特色。但它背后依然遵循的是通过选择国资的投资管理搭民资背景的战略投资者规范公司治理的便车，实现治理效率提高的这一一般的市场经济发展规律。

上面的讨论清楚地表明，在未来构建我国"国有资本投资管理体系的 N 家淡马锡模式"的过程中，混改引入的民资背景的战略投资者将成为国有资本投资、运营公司进行投资管理，进而建立国有资本投资管理体系的凭借。因此，从未来成功构建我国国有资本投资管理体系的目的出发，我们同样需要将国企混合所有制改革进行到底。

第四，混改引入的民资背景的战略投资者成为后疫情时代释放民间投资活力、提振市场信心、克服经济增长放缓的抓手。

受到包括新冠疫情在内的多种因素的影响，中国经济持续增长放缓是不争的事实。一些学者倡导新基建，但主要依靠政府投资的新基建对经济发展的短期带动作用有限，不仅可能导致银行呆坏账的增加，还可能为下一轮产能过剩埋下伏笔。2013 年以来以去产能、去杠杆、去僵尸企业为目的的供给侧结构性改革一定程度上是在为应对 2008 年美国次贷危机引发的全球金融风暴冲击所投入的四万亿元埋单。一些学者则主张向居民发消费券来刺激消费，但一方面各级政府负债累累，在资金预算分配上捉襟见肘；另一方面有限的金额杯水车薪，只能解燃眉之急，对于消费的持续拉动作用有限。面对有些萎缩的市场，很多民资的理性选择是捂紧荷包，甚至压缩投资规模。

如果我们把新基建理解为激发增量，那么，通过国企混改实现国企经营机制的转化则是盘活存量。其一，国企混改为民资投资打开了一扇窗户，让民资通过参与混改进入以往更多被国企垄断的领域。随着国企为了吸引民资推出类似中国联通混改允许战略投资者超额委派董事等激励相容政策，以及制衡的治理构架对民资背景的战略投资者的投资者权益的保护，民资参与国企混改的热情高涨，以此带动民间投资的活跃，这将对面临增长放缓的中国经济具有不可估量的促进作用。面对消费的疲软、出口的乏力和政府公共资金投入不足，也许民间投资的活跃才能为经济振兴带来契机。其二，国企混改将实现国企经营机制的转化和公司治理的规范，使混改后的国企焕发勃勃生机，重新在经济生活中扮演重要角色。通过引入民资背景的战略投资者形成制衡的治理构架的新国企将形成自动纠错机制，避免不计成本、不讲效率的盲目扩张，和"既要又要还要更要各种要"下的多目标冲突，专注主业，通过提供市场经济中的商品和服务与缴纳税收参与社会分工。其三，同样重要的是，允许民资背景的战略投资者以混改并且确保投资者权益的激励相容的方式进入以往国资占主导的领域，将向民资传递明确而强烈的信号，有助于增强民企比金子还珍贵的信心。混改后的"新国企"与混改带动的活跃的民间投资相辅相成，互相促进，共同成为克服中国经济增长放缓的重要力量。因此，从释放民间投资活力、提振市场信心、克服经济增长放缓的目的出发，我们依然需要将国企混合所有制改革进行到底。

概括而言，鉴于混改引入的民资背景的战略投资者不仅是推动国有企业经营机制转换的关键力量和国有企业规范公司治理的重要元素,而且是国有资本投资、运营公司进行投资管理,进而建立国有资本投资管理体系的凭借和后疫情时代释放民间投资活力、提振市场信心、克服经济增长放缓的抓手。在国企改革三年行动方案收官、国有资本投资管理体系改革提上重要议事日程的背景下,我们依然需要坚持把国企混合所有制改革进行到底。

目录

上篇　作为国有资产监管体系改革前奏的国企混改

第1章　国企改革：从股份制改造到所有制混合 / 3
1.1　为什么需要对国企进行改革？ / 3
1.2　国企改革的三个阶段 / 17

第2章　国企改革的理论探究 / 24
2.1　国企治理问题真正的制度根源究竟在哪里？ / 24
2.2　为国企混改寻找理论支撑 / 31
2.3　对于国企治理问题，如何对症下药？ / 36
2.4　从"价格改革双轨制"看国企混改的理念与逻辑 / 42

第3章　如何实现国企混改？ / 50
3.1　谁将成为国企混改引入的合格战投？ / 50
3.2　国企混改实践过程中出现的两个认识误区 / 54

第4章　国企混改的成功模式 / 64
4.1　国企混改的中国联通模式 / 64
4.2　有限合伙构架与重庆钢铁的"混改" / 67

4.3 格力股改：走完国企改制的"最后一公里" / 73

第5章 国企混改的失败案例 / 79
5.1 混改后的海航为什么依然难逃破产的命运？ / 79
5.2 商学院能从北大方正破产重整案例中学到些什么？ / 85
5.3 金融机构：从所有者缺位到治理缺失 / 90

中篇 国有资本投资管理体系：N家淡马锡模式

第6章 混改后国有资本投资管理体系面临的挑战 / 101
6.1 格力控股权转让与国有控股上市公司治理范式的转变 / 101
6.2 引入国有资本投资、运营公司自然就会形成"政府与企业间隔离层"？ / 105
6.3 授权放权清单：国企改革开启"权力回归"之路 / 115

第7章 关于国有资本投资管理实践的认识误区 / 121
7.1 以国资监管代替国资投资管理 / 121
7.2 把国企的经营管理问题与治理问题混为一谈 / 124
7.3 国资监管的重点是"防火防盗防经理人"？ / 126
7.4 转让价格或资金来源存在争议就是国有资产流失？ / 127

第8章 国有资本投资管理体系的 N 家"淡马锡"模式 / 131
8.1 国有资本投资公司的未来：从一家"淡马锡"到 N 家"淡马锡" / 131
8.2 N 家"淡马锡"模式的特征 / 136
8.3 产业集团如何转型为国有资本投资公司？ / 142

第9章 探索中的国有资本投资管理体系改革 / 148
9.1 国有资本投资管理体系改革的"天津模式" / 148
9.2 云南白药的整体上市 / 149
9.3 巴菲特的伯克希尔·哈撒韦是如何"管资本"的? / 152

下篇 国企公司治理的规范

第10章 如何使国企外部董事更好地履职? / 161
10.1 国企外部董事发挥作用的先决条件 / 161
10.2 如何设计独董相关制度才能使独董变得"既独又懂"? / 164
10.3 独董履职与董事会制度文化建设 / 172
10.4 上市公司独立董事制度变革的核心逻辑 / 179
10.5 独立董事制度改革的一些前瞻性思考 / 185

第11章 举步维艰的员工持股计划 / 192
11.1 经理人股权激励计划的重要性 / 192
11.2 零成本员工持股计划:是股票奖励还是利益侵占? / 193
11.3 上市公司高管拿多少薪酬才是合理的? / 199

第12章 国企如何平衡社会责任和创造利润? / 204
12.1 如何理解国企热衷于ESG投入的现象 / 204
12.2 对ESG概念过度强调可能会带来的恶果 / 208
12.3 从硅谷银行被接管看ESG实践的挑战 / 211

结语 国企未来应该建立怎样的现代企业制度? / 216

上篇　作为国有资产监管体系改革前奏的国企混改

第1章
国企改革：从股份制改造到所有制混合

1.1 为什么需要对国企进行改革？

国企改革是我国40多年改革开放的缩影。在过去的40多年，围绕股权结构的调整和相应的公司治理制度的变革，国企先后经历了多轮改革。当前，国企积极推进的混改是国企改革"资本社会化"传统逻辑的延续。在过去几轮的国企改革中，国有企业先后实行了职工股份合作制和企业集团部分控股公司上市等改制形式。职工股份合作制是通过职工持股实现的，而上市则是通过公开发行股票实现的。如果我们把职工股份合作制的推行理解为资本在企业内部的"社会化"，国有企业部分上市则可以理解为资本在更大范围的"社会化"。目前，大量的国有资产通过形成庞大的企业集团置身于各级国资委主导的国有资产管理链条。处于金字塔底端的部分企业是已经完成"资本社会化"的上市公司，但中端和顶端还存在大量尚未完成资本社会化的国有企业。它们以及其他未上市的国有企业或企业集团整体将成为新一轮混合所有制改革的重点实施对象。

2013年以来启动的以所有制混合为典型特征的新一轮国企改革的现实背景包括以下两个方面。一方面是20世纪90年代末改制带来的改革红利消失后，国企陷入新的发展困境，很多国企成为僵尸企业，面临产能过剩所带来的效益下滑。让我们回顾一下启动混改不久2014年当年国企的状况。按照中国企业联合会、中国企业家协会当年发布的我国企业500强榜单，500强中出现了43家亏损企业，其中只有1家是民营企业，国有企业成为重灾区。亏损企业主要集中在煤炭、钢铁、有色化工、建材、水上运输等领域；300家国有企业的亏损面高达14%，42家企业合计亏损726.6亿元，其中10家央企合计亏损385.7亿元；而200家民营企业仅有1家亏损，且其亏损额只有5 000万元。另外，根据天则经济研究所的报告，2001—2008年国企获得各种补贴总计高达6万亿元，而同期国企利润总和仅4.9万亿元，这意味着扣除这一巨额补贴，国企实际上亏损1.1万亿元。如何通过混改实现国资的增值保值是摆在国企面前的迫切问题。

另一方面是普通公众等对国企的垄断经营、高额补贴和不公平竞争现状的不满。除了那些亏损的国企，长期以来部分盈利国企的高额利润与其在市场上的垄断地位、政府的高额补贴和由此形成的与民营企业的不公平竞争密不可分。以至于有人说，把狗放到行长的位子上，银行照样赚钱。国企的垄断经营、高额补贴和不公平竞争一定程度上挤压了民企的发展空间。而通过启动新一轮国企改革，参与混改的民资有望从中"分一杯羹"。同时，通过国企混改，开启我国结构性改革之路，最终在中国真正确立竞争中性原则，建立使市场在资源配置中发挥基础性（决定性）作用的真正意义上的市场体系。

我们看到，正是在上述两方面的现实背景下，2013年前后我国启动的新一轮以所有制混合为特征的国企改革，被形象地称为"国企混改"。

从前面的现实背景的描述和各位读者的感受中，我们看到，相比民营企业，国企经营效率低下是不争的事实。围绕传统的国企经营效率为什么长期低下的问题，伴随着国企经营管理实践的发展，学术界逐步形成以下理论共识。

第一，国有企业面临所有者缺位问题，使经理人原本清晰的诚信责任变得模糊。按照现代产权理论[①]，正是由于在分配利润时，受益顺序排在所有利益相关者最后的股东能够为他可能做出的错误决策承担相应责任，享有所有者权益的股东有权通过股东大会集体表决的方式对重大事项进行最后裁决，股东才由此成为公司治理的权威。董事（含经理人）需要在法律上对股东负有包含忠诚和勤勉两项义务的诚信责任，违反诚信责任的董事将遭到股东发起的集体诉讼。在上述治理构架下，董事在法律上对股东负有诚信责任是相对清晰的。而清晰的诚信责任界定为司法实践中法律对投资者权益

---

① 参见格罗斯曼和哈特发表于1986年的文章"The costs and benefits of ownership: a theory of vertical and lateral integration"，哈特和莫尔发表于1990年的文章"Property rights and the nature of the firm"，哈特出版于1995年的《企业、合同与财务结构》(*Firms, contracts, and financial structure*)。

的保护带来便利。

而在国企中,在所有者缺位的情况下,为经理人做出的错误决策最后承担责任的是名义上属于国家的国有资本,而做出决策的却是并不需要和无法承担最终责任的国企高管。弗里德曼曾经有一个十分形象的说法:"花自己的钱,办自己的事,既讲效率,又讲节约;花自己的钱,办别人的事,只讲节约,不讲效率;花别人的钱,办自己的事,只讲效率,不讲节约;而花别人的钱,办别人的事,既不讲效率,也不讲节约"。由于其模糊的诚信责任,所有者缺位下的国企显然成为"花别人的钱,办别人的事"的一个典型。

第二,金字塔控股结构的存在延长了委托代理链条,使经理人在所有者缺位时已经模糊的诚信责任变得更加模糊。

我们知道,我国国企置身于包括中央国企和地方国企的大大小小的金字塔控股结构的企业集团中。金字塔控股结构的形成一方面来自企业融资需求所满足的组织制度设计需要,另一方面则与国企改制和产业结构调整过程中我国政府推出的一些特殊政策有关。而每一层控股结构都意味着控股股东与所控制的公司之间形成一种委托代理关系;金字塔控股结构的层级越多,委托代理关系链条就越长越复杂。

在我国一些动辄具有七八层控股层级且参股上千家法人机构的国企控股集团中,董事长或经理人要对直接控股的上一级大股东负责,而最终能够为他做出的错误决策承担责任的国有资本如何保值和增值,以及国有资本背后的全民股东的权益如何保障的问题有时候并不在他的考虑之列。这使得在金字塔控股结构下的国有资本每一层级中作为大股东代表的董事长往往成为该层级的实际控制人。

伴随着金字塔控股结构控制权链条的延长,"所有者缺位"导致的"内部人控制"现象由此变得更趋严重。

第三,预算软约束理论。近年来,僵尸企业、产能过剩等问题持续吸引我国理论界与实务界的注意力,并成为我国一段时期以来积极推行的供给侧结构性改革中的重要议题。然而,许成刚教授却指出,"这些实际上都是非常老的问题,而且问题的产生完全在预料之中"。按照许成刚教授的观点,僵尸企业、产能过剩等问题其实就源于很多年前科尔奈提出的预算软约束。

所谓预算软约束(soft budget constraints)指的是向企业提供资金的机构未能坚持预先的商业约定,而使企业借贷的资金远远超过其实际盈利和偿还能力的行为。我们知道,对于权益融资,"除非董事会做出承诺,否则发放股利不应该成为公司的一项义务",因而进行权益融资的企业面临的是软约束。与权益融资的软约束不同,以银行贷款、发行企业债券等方式实现的债务融资使企业面临硬约束。如果不能按时偿还银行等债权人的本金和利息,企业将面临银行等债权人发起的法律诉讼,乃至清算破产。但对于与政府天然具有政治关联的国有企业,出于保持就业、税收增长和维护社会稳定的需要,国有银行在政府的授意下,不但不会将资不抵债的企业推向破产清算,反而会进一步追加贷款以挽救濒临倒闭的企业,从而使得原本硬的预算约束软化。上述做法如同溺爱儿子的父亲不忍心将劣迹斑斑的儿子绳之以法一样,因而被科尔奈形象地称为"国家父爱主义"。一个例子来自曾采用债转股的东北特钢。为了化解东北特钢的债务危机,当地政府于 2016 年再度提出不涉及清偿的债转股计划,但因遭到债权人的一致反对而被迫放弃。东北特钢债务危机最终由江苏民营钢铁大亨沈文荣控股而化解。我们看到，上述被媒体解读为"意外私有化"的做法实属当地政府为了一而再，再而三地化解东北特钢债务危机所被迫选择的"无奈之举"。正是在上述意义上，政府干预下的债转股被认为是披着市场化运作外衣的"预算软约束"。

除了银行贷款下的预算约束软化，我国资本市场上还存在着另外一种隐性的预算约束软化行为。一家经营管理不善的国有上市公司在股票被实施风险警示（ST）时有时会获得来自对其控股的国资控股集团公司甚至国资控股集团公司背后的国资委的支撑。国资控股集团公司对控股子公司的救助行为不但并非出于攫取控制权与谋求私人收益的自利动机，反而呈现出不计成本的特点。而被救助的上市公司在获得母公司的支撑救助后绩效依然长期得不到改善，甚至越救越亏，形成另类的僵尸企业。例如，已经亏损高达139亿元的由国务院国资委实际控制的某航空公司于2008年因资不抵债公司股票被实施特别处理（ST）。为了避免继续亏损而退市，国务院国资委于2009年通过其控股股东某集团以财政补贴及定向增发的方式向其注资82.8亿元，公司于2010年5月成功撤销特别处理。然而在成功"摘帽"后，该航空公司几乎完全依靠国资控股集团的巨额补贴维持业绩，被媒体形象地称为"补贴王"。[①] 某省国资委旗下最大的国有造船企业自上市以来盈利能力连年下滑，逐渐陷入财

[①] 按照相关媒体报道和公司公告，在2010年撤销ST后，2011—2016年上半年，该航空公司分别获得政府补助收入10.6亿元、17.2亿元、23.7亿元、36.27亿元、41.31亿元和23.64亿元，占当年净利润的比重分别为21.7%、50.1%、99.7%、106.1%、91.0%和73.1%。

务困境，政府通过每年超过 2 400 万元的大额补助对公司进行扶持。但因连续两年亏损，公司股票于 2015 年 4 月被交易所实施退市风险警示（*ST）。在三次资产流拍、濒临退市边缘的情况下，公司于 2016 年 4 月推出重大资产重组计划，增发 23 亿股用于收购同属于该国资委的某集团旗下 210.13 亿元资产，并募集配套资金 66 亿元。面对国有控股股东注入优质资产为"保壳"后的上市公司的股价提供上涨空间，债权人最终接受公司提出的"债转股"的债权受偿方案，同意通过发行新股抵偿 90.2 亿元总债务中的 71 亿元。该省国资委于是通过内部"借壳"让这家*ST 公司获得新生。

成为僵尸企业和面临产能过剩所带来的效益下滑是本轮以混改为突破口的国企改革的现实背景和直接诱因。而僵尸企业、产能过剩的背后则是"国家父爱主义"下的预算软约束。预算软约束不仅是计划经济时代国营企业效率低下的一个原因，而且很大程度上成为今天国有企业效益下滑的一个原因。从诞生之日起，国有企业始终无法摆脱这一问题的困扰。使国企真正成为自负盈亏的经营实体的关键就是通过从"管企业"到"管资本"的变革，使国资和其他社会资本一起共同承担风险，使混改后的国企真正成为市场经济中的竞争主体。

第四，"既管资本又管企业"治理模式下的多目标激励冲突问题。在完成股份制改造的国有企业中，我国中央政府和地方政府除了通过直接持有国有企业的控制性股份，建立"管资本"这一国企控制途径外，同时还继续沿用国营企业时代自上而下的人事任免和国企高管晋升考核体系，延续"管企业"这一传统国企控制途径，从而形成所谓"既管资本又管企业"的格局。除了由持有上市公司控制性股份的国资委全资控股的控股集团履行大股东的职责外，国企普遍采用由上级组织部门任命董事长和CEO这一自上而下的董事遴选产生方式。虽然在程序上需要通过董事会的提名和股东大会的投票表决，但由于国企一股独大的股权结构和国资管理系统的政治经济影响力，相关程序很难对上级部门的相关任命构成实质性的影响和挑战。这使得董事长、CEO和其他主要高管一方面需要按照《公司法》和公司章程对股东负有法律上的诚信责任，另一方面则同时需要按照政府官员管理程序接受上级组织部门和国资管理部门的监督和考核。

在上述国企高管产生制度下，有的国企高管像政府官员一样，通过开展政治晋升的"锦标赛"，"商而优则仕"，从国企高管转为同一级别或更高级别的政府官员，或者"当不了省长，当董事长"，玩起了政商"旋转门"。如何通过搞（过度）公益性捐赠、媒体报道和（过度）海外并购等"形象工程"和"面子工程"以引起上级部门的注意，实现个人的政治晋升，成为个别国企高管在短暂的任期内重点思考的问题。但这些形象工程和面子工程从长期看将损害股东利益，成为我国制度背景下外部股东不得不负担的特殊的代理成本。因而，上述看似是在加强国企高管监督和激励的做法却使得部分国企高管的行为出现了激励扭曲。

与此同时，在上述"既管资本又管企业"的治理模式下，国资管理部门以任免考核董事长、CEO和其他主要高管的方式直接参与"管企业"。这在一定程度上类似于把股东的所有者权益交由只能部分甚至无法承担责任的第三方来行使，从而也使国企股东与董事之间原本模糊的诚信责任变得更加模糊。能够承担决策责任后果的股东无法做出决策,而无法承担全部决策责任后果的第三方却有权做出决策。

更加重要的是,当股东与所引入的第三方的利益发生冲突时,引入第三方将使董事处于多头负责的状态。例如,相比于民企,在"既管资本又管企业"的治理模式下,国企除了生产经营、创造利润,还需要履行保护环境、稳定物价、促进就业、增加税收、维护社会稳定等社会职责,甚至还需要参与扶贫等公益性活动。这使得国企置身于多任务多目标的经营管理状态。霍姆斯特姆(Holmstrom)和米尔格罗姆(Milgrom)的研究表明,当代理人同时面临多项工作任务时,对其中一项工作任务的激励和重视会诱使代理人将过多的努力花在这方面,而忽视其他方面,从而导致资源配置的扭曲。[1] 面对多头负责的状态,理论上,国企董事可以借口避免损害第三方的利益而损害股东的正当利益,甚至以分别保护第三方和股东的利益之名,行追求董事私人收益之实,使第三方与股东的利益全都受到损害。正是在上述意义上,弗里德曼强调,"企业最大的社会责任是创造利润"。

我们理解,正是意识到以往国企"既管资本又管企业"的治理模式容易导致国企高管多目标下的激励冲突问题和股东与董事之间更加模糊的诚信责任,在新一轮国企改革中,国资管理部门明确提出由原来的"管企业"转变为现在的"管资本"的国企改革方向,用市场化选聘职业经理人的方式来代替原来的"自上而下的政府官

---

[1] HOLMSTROM B, MILGROM P. Multitask principal-agent analyses: incentive contracts, asset ownership, and job design. *Journal of Law, Economics and Organization*, 1991.

员式"经理人更迭模式。

第五，国企以董事长为核心的"中国式内部人控制"问题。

同样由于国企主要高管自上而下的产生机制，被任命为董事长的董事往往具有特殊的资历和身份。我们以恒丰银行前董事长蔡国华为例。在空降恒丰银行之前，蔡国华是烟台市委常委、副市长兼国资委党委书记。无论是恒丰银行的上级持股公司蓝天投资还是全资控股蓝天投资的烟台国资委，对曾经担任烟台市委常委、副市长兼国资委党委书记的蔡国华的制衡力量都十分有限。恒丰银行第一大股东不但不会对以原董事长蔡国华为首的恒丰银行的内部人控制行为形成有效制约，反而成为其抗衡其他股东可能提出的否定议案的可资利用的力量，甚至向其他股东传递出"想反对也没有用，因为我是第一大股东"的相反的信号。恒丰银行后来发生的"高管私分公款案"、员工持股计划丑闻以及股权谜踪等都成为内部人控制问题的典型事例。

需要说明的是，发生在恒丰银行的内部人控制问题和英美等国传统意义上的内部人控制问题并不相同。后者是由于英美等国公司股权高度分散和向经理人推行股权激励计划，逐步形成壕沟防守效应（the entrenchment effect），导致了以股权激励对象——经理人为核心的内部人控制问题。而发生在恒丰银行的内部人控制问题显然并非由于股权高度分散和向经理人推行股权激励计划，而是由于国企高管自上而下的产生机制和董事长的特殊身份，并与我国资本市场制度背景下的政治、社会、历史、文化和利益等因素联系在一起。我们把在我国资本市场制度背景下形成的以董事长而不是经理人为核心的内部人控制问题称为"中国式内部人控制"问题。中国式内部人控制问题成为在我国资本市场制度背景下公司治理需要重点关注和解决的问题。

那么，我们如何描述同时面临预算软约束、模糊的诚信责任、多目标激励冲突和中国式内部人控制问题的国有企业呢？总结企业组织类型的演进历史，我们看到，存在两个发展维度。其中，第一个维度是按照专业化分工程度，我们可以把企业组织类型区分为低的专业化分工程度和高的专业化分工程度两类。由于现代股份公司的出现，资本社会化和经理人职业化所实现的社会分工带来的效率改善成为人类财富在过去250年实现垂直式增长的重要原因之一，因而，"现代股份公司是近代人类历史中一项最重要的发明"（巴特勒语）。而所有权与经营权分离所实现的专业化分工带来的效率改善是现代股份公司的实质体现。

第二个维度是按照代理问题是否严重而将企业组织类型划分为代理问题不严重和代理问题严重两类。现代股份公司在所有权与经营权分离的同时衍生出股东与经理人之间的代理冲突问题。伯利（Berle）和米恩斯（Means）在反思"大萧条"中现代股份公司所扮演的消极角色时，指出所有权和经营权分离"构成过去三个世纪赖以生存的经济秩序的破坏"。[1] 詹森（Jensen）和麦克林（Meckling）在此基础上强调代理冲突对公司价值的影响，并进一步将公司治理的政策目标明确为缓解代理冲突、降低代理成本。[2]

---

[1] BERLE A A, MEANS G C. The modern corporation and private property. New York: Macmillan Publishing Co, 1932.

[2] JENSEN M C, MECKLING W H. Theory of the firm: managerial behavior, agency costs and ownership structure. *Journal of Financial Economics*, 1976 (4).

按照上述两个维度，我们可以将企业组织类型划分为如表1-1所示的四种。第一种是专业化分工程度低但代理问题并不严重的企业组织类型。作为新古典资本主义企业的家庭手工作坊是这种企业组织类型的典型例子。在家庭手工作坊中，作坊主既是所有者也是经营者，专业化分工程度较低，生产效率相应较低。但由于家庭手工作坊的所有权与经营权是统一的，其并不存在外部职业经理人与股东之间的代理冲突，因而代理问题并不严重。第四种是专业化分工程度高但代理问题严重的企业组织类型。在20世纪二三十年代的美国，很多公司虽然完成了资本社会化与经理人职业化的专业化分工、实现了效率改善，但没有建立良好的治理结构。很多公司蕴藏的"代理冲突问题"在20世纪二三十年代集中爆发，成为当时席卷全球的经济大萧条出现的重要诱因之一。

表1-1 按照专业化分工程度与代理问题严重程度划分的企业组织类型

	（既管资本又管企业）低的专业化分工程度	（外部融资实现、社会风险共担、经理人职业化）高的专业化分工程度
代理问题不严重	1. 家庭手工作坊（新古典资本主义企业）	2. 建立良好公司治理结构的现代股份有限公司
代理问题严重	3. 国有企业（长的委托代理链条与所有者缺位）	4. 尚未建立良好公司治理结构的股份有限公司

第二种是专业化分工程度高但代理问题并不严重的企业组织类型。在这些企业中，一方面是以资本社会化与经理人职业化为特征的高度专业化分工，另一方面则通过推出基于绩效的经理人薪酬合约设计与股票期权激励计划，规模较小、以独立董事为主（甚至除了CEO为唯一内部董事外其余均为独立董事）、董事长与CEO两

职分离的董事会得以构建,同时通过加强对保护投资者权利的法律制度的建设和营造法律外的制度环境,来解决经理人与股东之间的代理冲突问题。经过从 20 世纪二三十年代开始的近百年的无数次公司治理革命的洗礼,今天很多股份有限公司已成长为兼具高度专业化分工和良好公司治理结构的典范。

从两个维度四种企业组织类型的分类来看,第三种企业一方面其所有权与经营权没有有效分离,既管资本又管企业,专业化分工停留在低级阶段,另一方面代理冲突问题严重。对照我们目前的国有企业,它恰恰同时具备了上述两个特征。我国中央政府和地方政府除了通过国有资产管理链条"管资本"外,还通过自上而下的人事任免体系和对国企高管晋升的考核事实上对企业经营产生实质性影响。此外,除了生产经营创造利润,国企还需要承担稳定物价、促进就业、维护社会稳定甚至扶贫等社会责任,这使国企置身于多任务多目标等经营管理状态。上述种种"管人、管事、管资产"的制约和限制使得国企所有权与经营权无法真正分离,国企在企业组织形态上十分类似于新古典资本主义企业。与此同时,由于国有企业"所有者缺位"和"长的委托代理链条"问题、以董事长为核心的"中国式内部人控制"问题的存在,国有企业代理问题严重。因而,国有企业既没有摆脱"家庭手工作坊式"的控制权对经营权的干预,无法利用社会专业化分工提高效率,又没有很好解决家庭手工作坊并不存在的代理问题,使得国有企业看上去像是存在代理问题的新古典资本主义企业。我们看到,由于预算软约束、模糊的诚信责任、多目标激励冲突和中国式内部人控制等问题的存在,国有企业往往在"红红火火满三年"(厉以宁语①)后开始陷入"效益滑坡—连年亏损—债台高筑—政府拉郎配式的并购重组—获得新生"周而复始的恶性循环中。

上述划分企业组织类型的客观存在的两个维度提醒我们，对于公司治理政策目标的制定，我们既要看到现代股份公司所有权与经营权分离所引发的代理冲突，又要看到资本社会化与经理人职业化这一专业化分工所带来的巨大效率改善。我们要看到，（所有权与经营权分离）专业化分工所带来的效率改善是现代股份公司的实质所在，只不过衍生出经理人与股东之间的代理冲突问题。而传统公司治理研究过多关注现代股份公司在所有权与经营权分离过程中衍生的股东与经理人之间的代理冲突问题，在一定程度上忽视了由于上述分离所实现的专业化分工带来的效率改善。阿里巴巴的合伙人制度和京东的不平等投票权是通过创业团队的经营管理决策的专业化与外部分散股东分担风险的专业化实现专业化深度分工的积极探索和有益尝试。因而，现代公司治理正确的设计理念应该是如何在专业化分工实现的效率改善与代理成本降低之间进行平衡，以实现股东和经理人的合作共赢。这一现代公司治理设计理念不仅适用于新经济企业，如阿里巴巴和京东，也适用于正在积极推进混改的国有企业。通过混改实现国企经理人的经营权与股东的所有权的有效分离，实现建立在经理人与股东之间专业化分工基础上的合作共赢，是新一轮国企混改应有的题中之义。

---

① 参见厉以宁1999年发表在《冶金管理》上的文章《政企不分 企业只能红火三两年》。

作为新一轮国企改革的突破口，我们看到，混改不仅是我国在确立以市场机制作为资源配置的基础性制度条件下实现国有资产保值增值目标的重要手段，而且包容和接纳民资。实现"竞争中性"的混改有助于平抑普通公众等对国企垄断经营和不公平竞争的不满。

1.2　国企改革的三个阶段

理论上，集体享有所有者权益的股东一方面以出资额为限承担公司未来经营风险（责任），另一方面通过在股东大会上投票表决对公司发展重大事项进行最后裁决（权利）。因而，与其他利益相关者相比，责任和权利对称的股东不仅有动机而且有法律赋予和保障的权利来监督经理人。过去 40 多年的国企改革，在现代产权理论的指导下，围绕如何通过"资本社会化"引入"股东"以解决国企所面临的所有者缺位问题进行了以下三个阶段的尝试。

第一阶段是从 20 世纪 80 年代开始的通过股份合作制实现企业内部员工的"资本社会化"的阶段。1984 年北京天桥百货股份有限公司在改革中允许职工购买或以其他形式持有本企业股份，形成股份制企业。[①] 然而，股东与员工身份的利益冲突和普惠制下的员工持股计划形成的相互搭便车导致的激励不足，并没有使股份合作制走多远。

[①] 参见江平、卞宜民 1999 年发表在《比较法研究》上的文章《中国职工持股研究》。

第二阶段是从 20 世纪 90 年代开始的通过直接上市和股份制改造实现"资本社会化"的阶段。直接上市和股份制改造使资本社会化冲出企业的内部而在全社会范围内开展。国企股份制改造直接推动了 20 世纪 90 年代初我国资本市场的建立。在一定意义上，我国资本市场建立很重要的目的之一就是服务国有企业股份制改造。部分经过重组的资产优良的国有企业得以优先上市，建立规范的公司治理构架，开始向现代企业制度迈进。北京大学光华管理学院厉以宁教授名噪一时的"靓女先嫁"理论就是在当时的背景下提出来的，厉教授本人由此也被称为"厉股份"。[①]

除了部分国企直接上市完成资本社会化，其余的国企则通过重塑国有资产监管体系，明确出资人职责和建立规范的董事会制度，逐步在国资和受国务院委托履行出资人责任的国资委之间建立起资本链条的基本概念和初步逻辑。在一定意义上，经过第二阶段的改革，国企至少在形式上完成了股份制改造。2019 年 12 月去世的国务院国资委前主任李荣融受到业界很多人的深切缅怀，一方面是因为他在任上完成了国有资产监管体系的初步构建，明确了出资人职责；另一方面则是因为他在国企内部大力推行与现代企业制度相适应的董事会制度。

无论是通过直接上市实现全社会范围的资本化，还是通过明确出资人职责和规范董事会制度在国企中普遍建立起资本链条的概念和逻辑，虽然国企在形式上完成了股份制改造，但令人感到遗憾的

---

① 参见厉以宁 1993 年发表在《管理世界》上的文章《特大型国有企业的股份制改革》。

是，第二阶段的国企改革并没有从根本上真正解决国企长期以来面临的所有者缺位问题。

首先，股份制改造完成后形成的国资一股独大格局使外部分散股东无法实质性地参与公司治理，为国企形成内部人控制格局提供了制度温床。国资在股权结构上的一股独大，使得国资大股东及其代理人对上市公司的公司治理"大包大揽"看似具有法理层面的合理性，实则导致盈利动机明确的外部分散股东缺乏关于监督的有效机制和实现途径；对董事长的主要监督并非来自股东，而是来自"山高皇帝远"的上级部门。这使得仅仅依靠上级监督的董事长逐步成为在我国国企中盛行的内部人控制格局的核心。

其次，在股份制改造完成的同时，国企在我国资本市场上逐步形成了复杂的金字塔控股结构，延长了委托代理链条，进一步增加了形成内部人控制格局的可能性。作为股份制改造建立起的资本链条的概念和逻辑的副产品，我国国资逐步形成了复杂的金字塔控股结构。国资委通过控股集团母公司间接控股子公司以及孙公司。处于金字塔控股结构下的国企由此延长了该国企董事长与最终承担责任的纳税人之间的委托代理链条。在我国一些动辄链条长达七八层，控股、参股上千家法人机构的国企控股集团中，董事长或经理人要对直接控股的上一级大股东负责，而最终能够为他做出的错误决策承担责任的国有资本如何"保值和增值"，以及国有资本背后的真正出资人"纳税人"的权益如何保障的问题有时候并不在他的考虑之列。这使得在金字塔控股结构下作为大股东代表、受到大股东"信任"的董事长往往成为国有资本在该层级的实际控制人。伴随着金字塔控股结构下委托代理链条的逐级延长，所有者缺位导致的内部人控制现象将更加严重。

我们注意到,在英美分散的股权结构下,一方面由于股权高度分散,不存在大股东;另一方面股东为了激励经理人,不断向其提供股权激励,使其一不小心成为最大股东。经理人由此具备成为英美股权分散公司中潜在内部人的可能性。而在我国国有企业中,并不被允许成为股权激励对象的董事长由于一股独大背景下的大股东的"信任",同样具备了成为内部人的潜质。在国企中,为董事长做出错误决策最后承担责任的是名义上属于国家但最终由纳税人埋单的国有资本,而做出决策的却是并不需要承担最终责任的董事长。

因而,国企改革第二阶段所推行的股份制改造虽然使国企普遍建立起了资本链条的概念和逻辑,但各级国企中却形成了代表大股东的董事长内部人控制格局,而作为国企改革初衷的所有者缺位问题并没有从根本上得到解决。事实上,作为国企改革实践的亲历者和见证者,中国企业改革与发展研究会会长、中国建材集团前董事长宋志平对此有清醒的认识。他曾经说,"过去搞股份制改革不太成功,是因为只解决了从市场募集资金的问题,并没有把市场机制真正引入企业,依然保留'国有控股'的帽子,按国有企业管理的老办法参照执行,企业没有焕发出应有的内在动力和市场活力"[①]。

我们看到,作为没有从根本上解决所有者缺位问题的证据,在那些已经通过上市完成资本社会化的国有上市公司,作为控股股东

[①] 参见严学锋 2014 年发表在《董事会》上的文章《宋志平谈混合所有制的本质》。

的国资往往持有控制性股份,形成一股独大的治理范式和以董事长为核心的内部人控制格局。尽管上市公司作为优秀企业的代表已经在现代企业制度的创立和公司治理的规范上迈出了至关重要的一步,但散户无法有效参与公司治理和制衡股权的结果是,国有控股上市公司的长期业绩表现低于作为对照的上市民企。而对于那些并没有通过上市完成资本社会化的国企,缺乏能够制衡权力的治理构架使企业的效率更加低下,业绩表现更加糟糕。

20世纪90年代末改制带来的短期改革红利消失后,国企陷入新的发展困境,很多国企成为僵尸企业,面临产能过剩所带来的效益下滑。与此同时,普通公众等对国企通过垄断经营、高额补贴而获得的不公平竞争现状存在不满。我们看到,正是在上述两方面的现实背景下,我国于2013年启动以所有制混合为典型特征的新一轮国企改革。

针对已经完成资本社会化的国有上市公司和尚未上市的国资公司治理中存在的对权力缺乏制衡和有效监督的现状,新一轮国企混改明确提出,把引入盈利动机明确的民资背景的战略投资者实现所有制的混合作为国企改革实现新一轮资本社会化的重点。我们理解,其根本目的在于解决以往国企股份制改造尚未解决的如何使所有者真正"上位"的问题。

这些新引入的民资背景的战投一方面与国资共同承担企业未来的经营风险,另一方面可以借助股东会和董事会等治理平台,积极利用法律赋予和保障的权利来监督经理人,使公司治理的权威重新回归到股东,实现国企向现代企业制度的转化。因此,在上述意义上,2013年以来积极推进的国企混改是在延续我国40多年国企改革资本社会化路径的基础上，围绕已经引入的股东如何真正"上位"展开的新的改革尝试，标志着我国围绕资本社会化改革思路的国企改革已进入第三阶段。

需要说明的是，尽管股份制改造并没有实现解决所有者缺位问题的国企改革目标，但它却为今天以所有制混合为特征的国企改革的深入推进营造了有利的制度环境和创造了积极的外部条件。对于已经建立资本链条的非上市公司，在资本平台层面引入民资背景的战投将不仅有助于解决所有者缺位问题，而且有助于国有资产监管体系从以往的"管人管事管企业"向"管资本"转换。而对于那些已经通过上市完成形式上的所有制混合的国有上市公司，国资控制性股份在资本市场的让渡将成为其引入盈利动机明确的战投、使所有者上位十分便捷的手段。相比于非上市国有企业的混改，借助资本市场实现的国企混改往往具有较低的治理结构改善成本和经营机制转化成本。作为上市公司的中国联通成为"央企混改第一股"与其借助资本市场这一平台实现便捷和高效率的混改有很大关系。未来中国资本市场依然会成为国企实现混改可资凭借的重要平台。

我们注意到，作为第二阶段国企改革的延续，一些国有上市公司通过转让国有控制性股权，解决了股份制改造遗留下来的问题。新近的例子是格力集团通过转让格力电器15％的股权给董明珠借助有限合伙投资协议构架（以下简称"有限合伙构架"）成立的具有影响力的珠海明骏，实现了传统国企格力的有序传承。在一定意义上，通过股改，格力最终走完国企改制的"最后一公里"。国企混改由此将有助于通过引入民资背景的战投真正解决国企面临的所有者缺位问题，进而推动国企经营机制和管理体制的根本改变。

事实上，国企混改作为国企改革资本社会化的第三阶段，它的作用将不限于国企本身，它对于遏制我国近年来出现的经济增长放缓趋势同样具有十分重要的作用。国企混改首先将通过推动国企经营机制和管理体制的转化，提升国企自身的效率，以此释放国企的活力；与此同时，国企混改将为民资以战投方式参与混改提供更多的实现途径，有助于增加民资投资渠道，拓宽民资发展空间。一项兼顾民资利益、使民资激励相容、鼓励民资积极参与混改的国企改革政策将帮助民资对未来发展形成稳定的预期，增强民资投资的信心。而有效率的国资和有信心的民资无疑将构成中国未来新一轮经济增长的双引擎。

第 2 章
国企改革的理论探究

2.1 国企治理问题真正的制度根源究竟在哪里？

长期以来，无论是政策制定、文献研究还是教学总结，在讨论国企作为企业制度出现的种种治理问题的原因时，它们总是将"长的委托代理链条"与"所有者缺位"同时总结为潜在的制度根源。这样做看似从多角度指出了亟待改革的国企所面临的治理问题的原因，但上述总结模式的不足是，将引发国企治理问题的不同层次的根源混淆起来，在实践中陷入"眉毛胡子一把抓"，开出来的药方看起来面面俱到，但无的放矢，不能切中要害。我理解，这或许是国企改革这么多年取得的实质进展有限的潜在原因之一。

与所有者缺位并列的（长的）委托代理链条其实是现代股份公司经营管理与公司治理实践面对的基本常态。对于不同于家庭手工作坊的现代股份公司，外部广大出资人拥有的所有权与负责具体经营的少数管理团队掌握的经营权总是分离的。亚当·斯密在200多年前即提醒我们，不要期望经营者像对待自己的资金一样细心照顾其他人委托给他的资金。所有权与经营权分离固然会引发公司治理理论与实践所需面对的代理冲突问题，但从另一方面讲，委托代理链条的建立意味着实现了所有权与经营权分离基础上的专业化分工，使经营管理效率得以极大提升。事实上，巴特勒曾经指出，"（所有权与经营权分离的）有限责任公司（现代股份公司）是近代人类历史中一项最重要的发明，如果没有它，连蒸汽机、电力等工业革命也要大打折扣"。因而，对于包括国企在内的现代股份公司，我们不仅要看到所有权与经营权分离引发代理冲突、形成代理成本的一面，也要看到二者分离促进专业化分工、提升管理经营效率的一面。这恰恰是一枚硬币的正反两面。因而，从根本而言，委托代理链条只是现代股份公司借助所有权与经营权分离实现专业化分工进而带来效率提升所衍生出来的"一枚硬币的另一面"。只不过，对于国企，这个委托代理链条似乎长了一些，成为现代股份公司面对的代理冲突的极端化表现。

无论是作为典型民企的中国香港和记长江实业（6—8级）和中国台湾台塑集团（4—5级），还是作为典型国企的中国石化（5—7级）和中信集团（7—9级），都存在或简单或复杂的金字塔控股结构，或者说所谓的长的委托代理链条。我们注意到，虽然它们都有与绩效考核挂钩的各种激励机制，但大量的经验研究表明，同样是代理人，典型民企经理人的代理成本总体比国企经营者作为国有资产的代理人的代理成本要低。① 乃至于，几乎在绝大部分涉及科

---

① 参见刘小玄1996年发表的文章《现代企业的激励机制：剩余支配权》和周仁俊等2010年发表的文章《管理层激励与企业经营业绩的相关性：国有与非国有控股上市公司的比较》。

学、结论令人信服的实证检验研究中，国企效率普遍低于民企。[①]上述事实清楚地表明，国企代理人代理成本高的问题可能主要出在"委托人"身上，而非"代理人"身上。如果说，盈利动机明确和能够为错误决策承担责任的民资背景股东，具有内在的持续激励、监督代理人的作用，且有助于实现投资回报，那么，在同样存在可能或长或短的委托代理链条的国企与民企中，由于所有者缺位，"在其位但不谋其政"的委托人缺乏持续的内在自觉和足够的外在动力来监督与激励代理人，这使得国企名义上的"委托人"一定程度上演化为"花别人的钱，办别人的事，既不讲效率，也不讲节约"的典型，乃至于国企像其他现代股份公司一样普遍存在的代理问题未能得到有效解决。因而，与民企同样面临的委托代理问题相比，国企面临的治理问题可以概括为"所有者缺位下的委托代理问题"。它与民企同样面临的委托代理问题似乎仅仅差了一个"所有者缺位"，却引发了包括"中国式内部人控制"在内的国企种种治理问题。因而，与长的委托代理链条相比，所有者缺位才是引发国企种种治理问题的总的制度根源和更加关键的"病灶"所在。

换句话说，长期以来，在思考国企潜在治理问题的制度根源时，我们把更多目光投向长的委托代理链条中的代理人，而忽视了真正引发问题的"委托人"。国企治理问题主要是由所有者缺位导

[①] 参见白重恩等2006年发表的文章《国有企业改制效果的实证研究》和陈信元、黄俊2007年发表的文章《政府干预、多元化经营与公司业绩》。具体来说，在控制内生性等问题后，是不是国资控股与反映企业市场绩效的托宾Q值和市账率（M/B），以及与反映企业会计绩效的总资产收益率（ROA）和净资产收益率（ROE）在统计上都显著负相关。

致的"委托人动机不单纯，履职不充分"的问题，长的委托代理链条下通常出现的"代理人不诚信"的问题反而居于次要地位。从动机来看，负责监督国企经理人职责的国企委托人（上一层级委托代理链条的代理人）的激励来源有时候是个人政治晋升，甚至寻租纳贿等；而从履职有效性来看，国企委托人又受到政府特定政策目标的束缚，并不能从单纯盈利目标出发对代理人加以监督考核。

所有者缺位的一个直接后果是部分国企由于政治关联、社会连接、文化和历史的原因，形成了所谓的"中国式内部人控制问题"，成为我国制度背景下国企中代理冲突的典型形式。所谓内部人控制指的是公司经理人利用实际所享有的超过责任承担能力的控制权，做出谋求私人收益的决策，但决策后果由股东被迫承担，造成股东利益受损的现象。尽管从实现机制看，内部人控制问题作为代理冲突的典型表现形式，它的出现离不开由于股东的所有权与经理人的经营权相分离而产生的信息不对称，但不同国家中内部人控制问题形成的具体原因和表现形式并不完全相同。在英美等国的公司治理实践中，内部人控制问题的形成是由于股权高度分散、缺乏大股东的制衡，以及经理人在股权激励计划下成为外部接管威胁难以撼动的"大股东"。而在我国一些国有企业中，虽然存在持股比例并不低的国资第一大股东，甚至国资一股独大，而董事长的持股比例十分有限，甚至董事长根本不持股，但由于国企的所有者缺位，依然存在损害国资和其他外部股东利益的内部人控制问题。我把这类发生在中国资本市场制度背景下，在一些存在持股比例相对较大的股东的企业（在国企中尤为典型）中，由于政治关联、社会连接、文化和历史等原因而形成的以持股比例并不高甚至不持股的董事长为核心的内部人控制问题称为"中国式内部人控制问题"。

由于所有者缺位，已建立某种政治关联，甚至形成某种社会连接的国企董事长有时候使得国资性质的大股东无法在股东大会和董事会中发挥预期的制衡和监督作用，甚至不能像民资背景的股东一样"以脚投票"，一走了之，因而国资性质的大股东难以对以董事长为核心的内部人控制形成有效制约。发生私分公款与员工持股计划丑闻的恒丰银行是基于政治关联而形成中国式内部人控制问题的典型案例。恒丰银行第一大股东——烟台国资委全资控股的蓝天投资显然无法有效制衡曾担任烟台市委常委、副市长和国资委党组书记的前董事长蔡国华。

除了政治关联，部分国企董事长通过委派具有同乡、同学、同事等社会连接关系的董事或高管，任人唯亲，近亲繁殖，建立唯其马首是瞻的稳定团伙，同样会导致"中国式内部人控制问题"的出现。例如，某公司在 2017 年营业收入和净利润分别同比下降 7.81% 和 42.81% 之时，当年高管的人均薪酬达到 600 万元，在全部上市公司高管薪酬排名中排第 80 位。被媒体认为与高管超额薪酬"脱不了干系"的是，该公司 10 名高管中 9 名毕业于同一所大学。在这 9 名高管中，部分高管不仅是校友，还是同乡。

概括而言，由于国企的所有者缺位，作为董事会的召集人、与董事原本平等享有投票表决权（在一些国家甚至没有）的董事长借助政治关联、社会连接、历史和文化等原因逐步成为"中国式内部人控制"的核心，而总经理一定程度上蜕化为董事长的行政助理。一个例子是原来帮助其他企业进行破产重整的中国华融资产管理公司如今却需要其他企业的帮助进行破产重整，用网民的话来说就是

"处理垃圾资产的公司,自己变成了垃圾"。具有复杂政治关联和社会连接的前董事长赖小民显然也不是名义上控股的财政部这一虚拟的"法人"可以和能够制衡的。

国企改革理论研究和实践开展的主流把"所有者缺位"与"长的委托代理链条"并列起来作为国企治理问题的制度根源的直接后果是,尽管在历史上我国推出的几轮国企改革中,所有者缺位也被列为试图解决的核心难题之一,但由于对"所有者缺位"和"长的委托代理链条"二者的关系并没有形成清晰认识,在强调解决所有者缺位问题上显得并不那么坚定和坚决。例如,我国在20世纪90年代推出的股份制改造的目的之一就是通过资本社会化在一定程度上解决国企普遍存在的所有者缺位问题。而我国在20世纪90年代初期建立上海证券交易所(以下简称"上交所")和深圳证券交易所(以下简称"深交所")两大资本市场最初的目的之一就是服务于股份制改造。虽然一些国企通过上市,引入了社会股东,实现了资本社会化,但很多国企在上市后依然一股独大。这使得在公司治理中扮演重要监督角色的大股东依然存在"所有者缺位"问题。因而,股份制改造并没有从根本上改变国企"所有者缺位"的事实,只不过是从原来的全部国资的"所有者缺位"变为目前的主要股东甚至控股股东国资的"所有者缺位"。

在20世纪90年代,北大方正的"北大方正,当代毕昇"和联想的"人类失去联想,世界将会怎样"两则醒目的广告让每一个在北京中关村街头的行人都感到震撼。北大方正在2009年左右的最辉煌时期经营业务横跨IT、医疗医药、房地产、金融、大宗商品贸易等领域,旗下拥有包括方正科技、北大资源、方正控股、中国高科、北大医药、方正证券六家上市公司在内的 400 多家公司，总资产规模一度高达 3 606 亿元。然而，方正集团及其四家子公司"资产出售式"合并重整方案于 2021 年 6 月获表决通过时，很多人都难以相信有公有企业身份和名校声誉背书的北大方正居然有一天净资产会为负。据破产重整清产核资审计报告，截至审计基准日 2020 年 1 月 31 日，方正集团五家重整主体的资产总额为 622 亿元，而债务总额高达 1 469 亿元，净资产为 －847 亿元。北大方正破产重整由此也成为近年来最大的破产重整案件之一。

北大方正破产重整的原因显然并非是简单的恶意欺诈导致国有资产流失、借助高杠杆过度进行资本扩张和偏离高科技本业盲目搞多元化等可以概括的。其问题的核心是从改制开始，北大方正就偏离了构建制衡的股权构架和有效防范内部人控制的航向。在 2004 年北大方正改制前后，北大方正的股权分别由北京大学校办产业管理委员会和北京大学资产经营公司代表北京大学持有。但无论是前者持股还是后者持股，都难改国资所有者缺位的事实，这成为北大方正出现典型的内部人控制问题的重要制度诱因之一。

作为对照，2019 年 12 月珠海国资委全资控股的格力集团以 416.6 亿元向珠海明骏让渡所持有的处于竞争性行业（国企混改"分类推进"的所谓"商业一类"）的格力电器 15% 的股权，使珠海明骏成为格力电器新的大股东。在转让部分股份后，格力集团仍持有格力电器 3% 的股份。早已通过上市实现资本社会化的格力集团通过股改引入了具有有限合伙构架的珠海明骏成为新的战略投资者。这一事件被我誉为"走完国企混改的'最后一公里'"。2013 年以来启动的以引入民资背景的战略投资者实现"所有制的混合"为典型特征的新一轮国企混改成为 40 多年来国企改革试图解决"所有者缺位"问题的又一次新的尝试。

2.2 为国企混改寻找理论支撑

在国企改革 40 多年中的绝大多数时间，引入新的投资者始终是重心。我们时而强调股份制改造实现的资本社会化（例如，部分国有企业，以"靓女先嫁"方式完成的上市和引入财务投资者的股份制改造），时而专注于实行职工股份合作制的企业的内部范围的资本社会化。从国企面临的所有者缺位、预算软约束、模糊的诚信责任、多目标激励冲突和中国式内部人控制等诸多问题出发，更多强调引入民资背景的战略投资者的混改被再次寄予厚望，被视为本轮国企改革的重要突破口。

国企混改作为新一轮国企改革实践，其核心内容集中于以下两个层面：其一是在实体经济层面，通过引入民资背景的战投实现所有制的混合，改善治理结构，转变经营机制；其二是在国有资产监管体系层面，从"管人管事管企业"向"管资本"转化，实现国资的保值增值目标。

我们看到，如果从理论渊源回溯和文献脉络发展上寻找上述通过引入民资背景的战投进行国企混改的理论支撑，则现代产权理论和分权控制理论二者共同构成了国企混改的理论基石。

（一）现代产权理论

以 2016 年诺贝尔经济学奖得主、哈佛大学哈特教授为代表的学者所发展的现代产权理论始终是我国国企改革的理论基础之一。

从现实中的合约总是不够完全详备的视角出发，哈特指出，投资者若担心在不完全合约下投资后会被"敲竹杠"，进行投资的激励就会不足。与需要对方提供抵押担保、往往发生在熟人之间、可以通过风险管理模型降低损失的债务融资相比，对方不会提供抵押担保、往往发生在陌生人之间、充满更多不确定性的权益融资成为不完全合约的典型。那么，如何在不提供抵押担保、充满更多不确定性的前提下，鼓励投资者出资入股成为股东呢？哈特认为，只有使投资者成为所有者，使投资者享有对不完全合约未规定事项的剩余控制权，才能使投资者愿意进行投资。该理论很好地解释了，即使一个公众公司 CEO 并非一个投资者所熟悉的"隔壁老王"，但该投资者却愿意投资该公司，成为该公司股东的"现代股份公司之谜"的问题。原因是在该投资者购买公司股票成为股东之后，上市公司向他做出了他成为上市公司所有者并集体享有受法律保护的所有者权益这一可置信承诺。

哈特发展的现代产权理论一方面揭示了投资者之所以愿意成为股东背后的原因，另一方面则很好地回答了在现代股份公司的雇员、供货商和社区等众多利益相关者中谁最有权激励监督经理人的问题。在哈特看来，集体享有所有者权益的股东应该享有以下两项基本权利。一项是剩余索取权。所谓的剩余索取权（residual claim）指的是在扣除固定的合约支付（例如雇员的薪酬、银行贷款的利息等）后对剩余的企业收入的要求权，即成为所有者的股东其受益顺序排在债权人、雇员等合同受益者之后，并以出资额为限承担有限责任。这是股东成为所有者需要承担的义务。受益顺序排在其他利益相关者之后，意味着承担风险的股东比其他利益相关者更加关心企业的经营状况。承担风险的股东由此成为现代股份公司中众多利益相关者中盈利动机十分明确、主动参与公司治理意愿强烈的群体。这是新一轮国企混改希望通过引入盈利动机明确的民资背景的战投以解决以往国企的所有者缺位和模糊诚信责任问题背后的动机。

股东另外一项十分重要的权利来自剩余控制权。所谓的剩余控制权（residual right of control）指的是对（不完全）合约中没有特别规定的活动的决策权，即股东在股东大会上对（不完全合约中尚未规定的）重要事项以投票表决的方式进行最后裁决。这是股东成为所有者后可以享有的权利。这意味着与其他利益相关者相比，股东不仅有动机而且有法律保障的能力来监督经理人。而集体享有所有者权益的股东由于一方面以出资额为限能够承担公司未来经营风险，另一方面通过在股东大会上以投票表决方式对公司发展重大事项进行最后裁决，因而成为公司治理的权威。

我们看到，新一轮国企混改正是通过在股东层面引入盈利动机明确的民资背景的战投这一产权安排来解决以往国企面临的所有者缺位问题。产权安排在新一轮国企混改中之所以重要，根源在于它解决了为经理人引入和设计激励机制的股东长效激励问题。因而，现代产权理论依然是新一轮国企混改十分倚重的理论基础之一。

（二）分权控制理论

第1.2节的分析表明，从解决国有企业普遍面临的所有者缺位问题的目的出发，在现代产权理论的指导下，40多年的国企改革实践围绕如何实现资本社会化至少经历了三个阶段的艰苦探索和有益尝试。第一阶段是早期通过股份合作制实现资本社会化阶段。通过股份合作制，国企员工同时成为持股的股东，资本在企业内部实现社会化。第二阶段是通过直接上市和股份制改造实现资本社会化阶段。直接上市和股份制改造使资本社会化突破了一个企业的内部，在全社会范围内开展，引入了大量的财务投资者。然而，即使那些已经通过上市完成资本社会化的国有上市公司，作为控股股东的国资往往持有控制性股份，形成一股独大的治理范式。

针对已经完成资本社会化的国有上市公司和尚未上市的国资公司治理中存在的对权力缺乏制衡和有效监督的现状，新一轮国企混改明确提出，把引入民资背景的战略投资者实现所有制的混合作为国企改革实现资本社会化的重点。因此，目前正在积极推进的国企混改是我国40多年国企改革资本社会化路径的第三阶段。

不同于以往国企改革强调通过股份制改造实现资本社会化，新一轮国企混改特别重视和强调引入民资背景的战略投资者实现"所有制的混合"。因而，除了现代产权理论，我们还需要为国企混改寻找特殊的理论支撑。

如同哈特的现代产权理论的出发点是揭示企业中权威如何分配，回应为什么投资者愿意购买股份公司发行的股票这一"现代股份公司之谜"，却被我国学者认为是国企改制的理论基础，我们看到，最初被用来解决干预过度问题的"分权控制"（shared control）理论可以成为我们今天新一轮国企混改的另一重要理论基础。

Bolton和Thadden指出，当处于控制性地位的股东较少时，具有控制性地位的大股东有动机阻止经理人做出任何减少可证实现金流的商业决策，即使由此导致的损失实际上远远超过经理人的控制权所对应的私人利益,从而产生效率成本。[①] 从避免监督过度的目标出发,他们在政策建议中鼓励引入新的大股东,以实现"分权控制"。Muller 和 Warneryd 发展的企业政治学理论认为,新进入的外部投资者虽然将引发新的冲突和寻租行为,但由于成为原控股股东和管理层的"共同敌人",三方围绕剩余权利分配开展的新的博弈将减少企业围绕剩余分配冲突而导致的净损失。[②] Bennedsen 和 Wolfenzon 的研究表明,存在多个股东时,资金使用方向上的任何偏离都需要合谋集体全部成员的一致同意。[③] 成员越多,达到一致性的困难就越大,资金则会朝着正确的方向投入。存在合谋集体的企业与只有一个股东控制的企业相比,资金使用的扭曲程度可能要低。Gomes 和 Novaes 注意到,尽管处于控制性地位的几个股东有极强的愿望避免存在观点的不一致,但经过事后的讨价还价最终形成的决议,往往能够阻止经理人做出符合控股股东的利益但损害中小股东利益的商业决定。[④] 上述效应被称为折中效应(compromise effect)。分权控制因而成为平衡一股独大股权结构容易导致的大股东监督过度问题与所有者缺位导致的经理人内部人控制问题的重要机制。

---

① BOLTON P, VON THADDEN E L. Blocks, liquidity, and corporate control. *The Journal of Finance*, 1998 (1).

② MULLER H M, WARNERYD K. Inside versus outside ownership: a political theory of the firm. *RAND Journal of Economics*, 2001 (3).

③ BENNEDSEN M, WOLFENZON D. The balance of power in closely held corporations. *Journal of Financial Economics*, 2000 (1-2).

④ GOMES A R, NOVAES W. Sharing of control as a corporate governance mechanism//*PIER Working Paper*. Philadelphia: University of Pennsylvania, 2001.

我把上述文献涉及的主要思想概括为"分权控制"理论。其核心思想是防范一股独大背景下的监督过度问题，并通过引入新的投资者，形成主要股东之间的竞争关系，建立一种自动纠错机制，从而不仅可以有效地避免大股东一股独大容易导致的监督过度和决策失误，也可以形成对经理人的制约，避免内部人控制问题的出现。分权控制理论为我国国企如何通过混改引入战略投资者从而解决目前面临的种种问题提供了很好的政策建议，因而我将其理解为新一轮国企混改十分重要的理论基础之一。

2015年的"万科股权之争"标志着我国资本市场开始进入分散股权时代，国企上市公司主要股东之间分权控制的客观制度环境已经形成。国企未来的公司治理可以依靠"主要股东之间的竞争"来缓解以往一股独大的股权结构下"国有大股东""既管资本又管企业"导致的监督过度问题，还可以一定程度上抑制所有者缺位下的"中国式内部人控制问题"。

我们看到，新一轮国企混改通过引入民资背景的战投，以彼此认同股东地位的方式再次帮助股东重新回归公司治理权威的法律地位，使作为受托人的董事与全体股东之间的法律诚信责任变得清晰起来。公司董事需要严格履行忠诚义务和勤勉义务来使每一位股东而不是部分股东的价值最大化。

2.3 对于国企治理问题，如何对症下药？

第2.1节的分析表明，与长的委托代理链条相比，所有者缺位才是国企种种治理问题更为根本的制度根源和深层病灶。而所有者缺位将衍生出所谓的"中国式内部人控制问题"。未来，我们需要从股份制改造"升级"为"混合所有制改革"，以期从根本上解决国企普遍面临的所有者缺位问题及其衍生的"中国式内部人控制问题"。

针对第2.1节被"号脉诊断"的国企普遍存在的所有者缺位及其衍生的"中国式内部人控制"等病灶，我借鉴传统中医的术语，在本书中特别开出以下两剂"处方"，以期取得对症下药、药到病除的治疗效果。

我为国企"所有者缺位"这一病灶开出的第一剂处方是"实化股东责任"。所谓的"实化股东责任"指的是，引入盈利动机明确、能够为自己的错误决策承担责任，同时能够扮演监督和制衡角色的合格战略投资者，使国企原本缺位的所有者不再缺位。哈特发展的现代产权理论为本书提出的"实化股东责任"的处方提供了理论基础。

按照现代产权理论和现代股份公司的实践，股东作为"公司治理的权威"体现在以下两个方面：其一是受到法律保护的股东对重要事项拥有最后裁决权；其二是董事在法律上对股东负有诚信责任。这里无法绕过去的一个问题是，公司治理究竟应该以股东，还是以包括客户、雇员等在内的利益相关者为权威？2019年8月19日，苹果、百事可乐、摩根大通及沃尔玛等全球知名企业的首席执行官共同签署了题为《公司的目的》的"商业圆桌会议"共同宣言。该宣言写道："我们每个企业都有自己的企业目的，但我们对所有利益相关者都有着共同的承诺。每个利益相关者都至关重要，我们致力于为所有公司、社区和国家的未来成功创造价值。"该宣言强调，除维护股东利益，企业也应该在改善员工福利与教育培训，以及环境保护方面进行投入，并且公平对待合作的供应商。事实上，就连由于"平台二选一"和"大数据杀熟"等平台垄断行为受到巨额监管处罚的阿里巴巴，它公开的口号也是"客户第一，雇员第二，股东第三"。

需要说明的是，理论和实践中并不是没有对包括客户、雇员等在内的利益相关者的"共同治理"开展"艰辛的探索"，但十分遗憾的是，上述观点依然停留在理论阶段，缺乏实践上的可操作性和理论预期的有效性。那么，为什么是股东而不是利益相关者成为公司治理的权威呢？按照哈特的现代产权理论，很重要的原因在于，在分配利润时，在众多的利益相关者中，股东的受益顺序排在所有利益相关者之后。体现在资产负债表上，就是权益的价值等于资产的价值减去债务的价值，而不是反过来。这意味着，在众多利益相关者中，只有被哈特描述为享有剩余索取权的股东才能够为自己做出的错误决策承担责任。

那么，受益顺序排在最后、承担经营风险的股东为何还有动机不计前嫌投入真金白银呢？很大的原因在于，公司以受《公司法》保护的公司章程向股东承诺股东集体享有所有者权益，股东有权通过股东大会这一公司的最高权力机构以集体投票表决方式对并购重组等重大事项进行最后裁决。这被哈特描述为"剩余控制权"。

通过同时享有上述两项权利，从而有效匹配权利与义务，与其他利益相关者相比，作为上述权利享有者的股东在未来发生"道德风险"行为的可能性最小，股东由此成为公司治理的权威。公司治理实践中流行的股东中心主义的合理性显然并非在于"资本的力量""资本的稀缺",甚至"资本的邪恶",而是在于享有最后裁决权的股东能够凭借投入企业的真金白银为自己可能做出的错误决策承担责任。这显然是其他任何利益相关者即使希望也无法做到的。由此可见,各类利益相关者的地位和责任其实先天不平等,我们并不能简单采用同为利益相关者的表述,而忽视甚至掩盖不同利益相关者之间"利益"相关程度存在的重大差异。

作为一家最初致力于解决海南建省后当地航空运输问题的地方国企,成立于1989年9月的海航几乎进行了国企改制的所有尝试:从引入乔治·索罗斯的股权投资,到发行B股和A股上市;从"工会委员会控股"再到Hainan Cihang Charity Foundation Inc. 和海南省慈航公益基金会的"基金会控股"。然而,海航却于2021年开年宣布破产。我们注意到,在海航改制过程中,无论是工会还是基金会,这些虚化主体的控股都无法代替民资背景的战投的参股,进而形成制衡的股权结构,阻止海航内部人控制下的盲目扩张。折戟沉沙的海航给正在推进的国企混改带来的启发之一是,避免用基金会甚至工会等虚化实体的控股来代替民资背景的战投,以与国资形成制衡的股权结构,由此建立自动纠错机制,防范内部人控制。

我为国企"所有者缺位"这一病灶开出的第二剂处方是"形成制衡构架"。如果说第一剂处方"实化股东责任"主要解决国企的"所有者缺位"问题,那么,第二剂处方"形成制衡构架"则主要解决由所有者缺位衍生出来的"中国式内部人控制"问题。好的实践需要好的理论去推动。第2.2节"为国企混改寻找理论支撑"介绍的用来解决大股东监督过度问题的分权控制理论为这里的第二剂处方"形成制衡构架"提供了好的理论基础。该理论认为,从大股东监督过度、挫伤经理人的积极性出发，应鼓励引入新的大股东，实现分权控制；当存在多个股东时，资金使用方向上的任何偏离都需要合谋集体全部成员的一致同意，存在合谋集体的企业与只有一个股东控制的企业相比，资金使用的扭曲程度要低；控制权在几个主要股东之间分享的结果使几个主要股东在保护各自利益的讨价还价过程中形成有利于保护外部广大分散股东利益的折中效应；而新进入的大股东成为原控股股东和管理层的"共同敌人"，由此将减少企业内部围绕剩余分配冲突而产生的净损失。

上述分权控制理论很好地贯彻和体现了公共选择背后遵循的逻辑：竞争性的市场或政治是一种自动纠错机制。通过混改引入战投所形成的"股东之间的经济竞争"将对内部人"一言堂"自动纠错，避免公司出现大的决策失误，进而引发经济体出现系统性风险。如果一家国企由于所有者缺位存在典型的以董事长为核心的"中国式内部人控制"问题，一剂好的处方就是引入多个股东，进行分权控制，形成制衡构架。

在"分业推进"的国企混改中，对所谓"商业一类"（"竞争性行业"）国企直接引入民资背景的战略投资者，形成制衡的股权结构，对于仍然需要国资控股的所谓"商业二类"（"基础战略性行业"）国企，可以考虑在董事会层面允许战略投资者超额委派董事，形成新的制衡构架，提升战略投资者的话语权，使引入的战略投资者激励相容，愿意参与混改。事实上，我国大部分重要的央企和主要的地方国企都处于基础战略性行业，面临需要国资控股的现实需求。那么，如何在基础战略性行业的国企中通过混改形成制衡的治理构架呢？

被誉为"央企混改第一股"的中国联通事实上为基础战略性行业中的国企通过混改形成制衡的治理构架提供了具有借鉴意义的所谓混改的"中国联通模式"。处于基础战略性行业决定了中国联通需要保持国资控股。在引入中国人寿和BATJ等战略投资者后，联通集团持有中国联通的股份从60%下降到36.67%，其中腾讯和百度的出资仅占5.18%和3.3%。为了使民资背景的BATJ愿意参与混改，实现经济学上所谓的"激励相容"，在2018年2月8日组成的中国联通混改后新一届董事会中，百度、阿里巴巴、腾讯、京东等战略投资者分别委派了一名非独立董事，在8名非独董中占了4个席位。李彦宏（后更换）、胡晓明等"商业明星"进入中国联通新一届董事会。

持股3%左右的百度拥有混改后中国联通董事会8名非独立董事候选人中的1个席位（占比12.5%），实现了所谓战略投资者的超额委派董事，由此实现了新引入的BATJ等战投的激励相容。经过混改的中国联通完成了从基础电信运营商向网络综合服务提供商的转化，实现了盈利，中国联通的"气质"由此发生了改变。很多熟悉中国联通历史的政府官员和学者不无感慨地说，是混改拯救了中国联通。如果简单总结中国联通提供的基础战略性行业国企混改模式，那就是"在股权结构上国资占优，但在董事会组织中战投占优"。处于基础战略性行业的中国联通通过在董事会层面允许民资背景的战投超额委派董事形成了制衡的公司治理构架，实现了混改各方的激励相容。我们知道，每年在浙江乌镇举办的世界互联网大会上，BATJ是分两桌吃饭的。我这里有一个有趣的猜测，在阻止控股股东可能损害外部股东利益的行为时，BATJ将会坚定地"坐"

在一起。

概括而言，对于国企面临的所有者缺位问题，需要通过引入民资背景的战略投资者来"实化股东责任"，而对于所有者缺位引发的"中国式内部人控制"问题，则需要通过"形成制衡构架"来加以解决。处于竞争性行业的国企，可以通过引入战略投资者直接形成制衡的股权构架，而处于需要国资控股的基础战略性行业的国企，则可以通过在董事会层面允许战略投资者超额委派董事形成制衡的治理构架。

2.4 从"价格改革双轨制"看国企混改的理念与逻辑

如果我们用两个标签来概括"价格改革双轨制"的特点，我愿意用的第一个标签是"增量改革"，即价格改革双轨制并没有由于引入市场轨而立即抛弃传统的计划轨。第二个标签是"渐进改革"，即通过双轨减少既得利益者对改革造成的阻力和利益格局改变所带来的社会冲击与震荡，经过一个试验和磨合过程，最终由双轨变为单轨。前一个标签事关改革内容的取舍，而后一个标签事关改革速度的选择。应该说，这两个标签背后体现的都是改革的"务实主义"理念。

通过张维迎教授所倡导的"价格改革双轨制"，我们在价格体制改革过程中一定程度上避免了两种"失败的可能"。其一是在时机不成熟时，仓促之间进行"休克疗法"。东欧一些前社会主义国家的相关试验表明这种可能并非完全不存在。其二是"坐以待毙式"地一而再，再而三地延误改革时机。因此，价格改革双轨制的核心在于坚持"改"和动态地"改",期待从量变逐步积累到质变的"飞跃",强调改革的长期性和艰巨性,其成功不是,也不会一蹴而就。

现在回到国企混改的理念和逻辑这一问题。我们知道,国企改革始终是我国40多年经济体制改革的中心环节和核心内容。经过近几年的试点探索和实践总结,新一轮国企改革在以下两个层面初步形成了平行推进的改革方向。其一,在国有资产监管体系上,通过重组或新建国有资本投资、运营公司并将其作为"政府和市场之间的界面","隔离"国资委和实体企业,由此实现从以往"管人管事管企业"向"管资本"转化;其二,在经营实体层面,通过引入民资背景的战略投资者,在股权结构上进行所有制的混合,形成股东之间力量的制衡和分权控制格局。其中,第二个层面就是我们通常所说的国企混改。

然而,在引入民资背景的战略投资者、实现所有制混合的国企混改问题上,不时出现的来自实践部门的一些不同声音,使得原本相对清晰的国企改革方向变得有点模糊了。一些人认为,混改不是国企改革唯一的实现形式,更不是"一混了之";一些人更是明确地提出,"混合所有制不能从根本上解决中国国有企业改革的问题","只有让市场在配置资源中起决定性力量的改革才是国企改革的关键"。

姑且不论国企改革40多年从承包制开始,经过职工股份合作制和企业集团部分控股公司上市等改制形式一路跌跌撞撞走来,就是40多年来所进行的市场导向的经济转型,不也就是希望让市场在配置资源中起决定性力量吗?但这又谈何容易呢!再美丽的口号，都不如实际的行动。

今天，我们在新一轮国企改革中积极倡导和热心推动实践当年"价格改革双轨制"所遵循的理念和逻辑，也许就是对这种改革精神最好的传承和纪念。

那么，我们为什么说今天国企混改所遵循的理念和逻辑与当年"价格改革双轨制"的理念和逻辑是一致和相似的呢？

对于这一问题，我们首先从国企发展面临的主要问题谈起。概括而言，国企面临以下两方面的问题。其一是"不该管的乱管"的问题，即由于所有权与经营权未能有效分离导致的监督过度。这方面的典型例子是国企高管"一刀切"的限薪令。其二是"该管的却不管"的问题，即由于所有者缺位和长的委托代理链条，理论上应该交由董事会解决的管理层薪酬设计问题却没有人愿管或敢管，导致管理层激励不足，甚至激励扭曲。这方面的典型例子是被大量的理论和实践证明的经理人股权激励计划在国有企业中迟迟得不到推行。当然，"该管的却不管"的问题主要还是由"不该管的乱管"的问题导致的。

我们看到，通过引入民资背景的战略投资者的混改将在一定程度上缓解甚至解决国企发展面临的这两方面问题。首先，混改中新引入的民资背景的战略投资者作为国资新的制衡力量，可在主要股东之间形成竞争关系和分权控制格局。这意味着，混改后的企业原则上不再是某一个股东的企业，而是"大家"的企业，需要大家（全体股东）商量着来。混改后的国企将由此形成一种自动纠错机制和权力制衡格局，可以在一定程度上解决以往国企由于所有权与经营权未能有效分离导致的监督过度问题。换种大家容易理解的通俗说法，混改后引入的战投类似于明媒正娶的儿媳妇，婆婆即使想说三道四，也至少需要看一看儿媳妇的脸色，而不能像对待从小养大的童养媳一样动辄呵斥。

其次，混改将使民资的盈利目标和国企的保值增值目标有机统一在一起，使不同股东之间达成只有"合作"才能"共赢"的共识，共同自觉地推动企业经营机制的转化。既然"经理人股权激励"在理论和实践上有如此诸多好处，而大家又是为了"共同的利益"（盈利）才走到一起的，那还有什么理由不积极主动推行呢？大家将看到，以往国企代理冲突下经理人激励不足甚至扭曲的"该管的却不管"的问题将迎刃而解。混改后的国企将有动机从本公司的实际出发建立长效激励机制，实现经营机制的转化，提升管理效率。

虽然国企混改目前还处在进行时状态，现在评价混改是否真正能解决国企发展面临的"不该管的乱管，该管的却不管"的问题还为时尚早，但我们至少可以通过以下两个例子"管中窥豹"式洞察未来混改可能带给国企的变化。一个例子来自已经初步完成混改的中国联通。中国联通完成混改后，BATJ和中国人寿等战投在混改后的中国联通董事会8名非独立董事中占了5名，创立了"在股权结构上国资占优，但在董事会组织中战投占优"的所谓"中国联通混改模式"。请各位注意，即使在治理更为规范的国有上市公司中，又有多少公司的非独立董事是由非控股股东委派且占了大多数呢？更不要提那些尚未上市的国有企业。时任中国联通董事长的王晓初在2019年4月23日举办的5G创新峰会上表示，混改后，中国联通无论是思想、风气还是机制都发生了变化。

另一个例子来自国有上市公司以"61.7%的净资产"创造了国资"87.6%的利润"的事实。2018年12月12日，在2018央视财经论坛暨中国上市公司峰会上，国务院国资委原副主任翁杰明透露，"有65.2%的总资产和61.7%的净资产已经进入上市公司，有61.2%的营业收入和87.6%的利润总额来自上市公司"。大家知道，通过上市，这些国有上市公司事实上已完成以"资本社会化"为特征的"混改"。因此国有上市公司以"61.7%的净资产"创造了国资"87.6%的利润"的事实很大程度上与借助上市完成混改，以及由此带来的经营机制的转换有关。上述的两个理由和两个例子共同构成我近年来多次呼吁和强调的"国企混改，只有混，才能改"背后的论证基础和经验事实。

在理解了国企混改"混"与"改"的关系后，我们现在可以回答，为什么说今天国企混改所遵循的理念和逻辑与当年"价格改革双轨制"的理念和逻辑是一致和相似的问题了。我们看到，国企混改与"价格改革双轨制"至少在以下几个方面具有一致性。

第一，在改革切入点的选择上，二者都是首先引入未来容易形成竞争关系的外部力量。我们看到，价格改革双轨制中的"市场轨"，不仅成为评价计划轨低效率和价格扭曲的基准，而且对计划轨构成直接挑战。而在国企混改中，盈利动机明确的民资背景的战略投资者在混改中则再次扮演了竞争者和制衡者的角色。

第二，在改革哲学上，二者都希望从量的增减逐步实现质的飞跃，从量变到质变。在价格改革双轨制中，首先是从市场定价多一些和计划指导价格少一些，逐步过渡到完全市场定价；而在国企混改中，从"一股独大"和大股东"大包大揽"到"董事会层面战投占优"（中国联通模式）和民资控股（天津北方信托模式），这种量的增减带来的质的飞跃在逐渐显现。

第三，在改革内容选择上，二者很好地体现了"增量改革"的特点。当年价格改革双轨制并没有从开始立即放弃计划轨，单纯建立市场轨，而是通过选择双轨制，形成一个过渡期，最终实现市场和计划的并轨。对于国企混改，新引入的民资背景的战略投资者是以"混"的方式，而不是以"替"的方式发挥制衡作用和形成分权控制构架。

第四，在改革速度选择上，二者都很好地贯彻了"渐进改革"的理念。如同价格改革双轨制并非激进的休克疗法一样，新一轮国企混改同样将通过"混"逐步形成股东力量的制衡，使国资从以往"管人管事管企业"逐步向"管资本"转变，并最终实现建立现代法人制度和规范治理构架这一"改"的目标。

正是基于上述四方面的理由，我倾向于认为，今天国企混改所遵循的理念和逻辑与1984年张维迎教授所倡导的"价格改革双轨制"的理念和逻辑具有一致和相似的地方。在一定意义上，今天我们积极倡导的国企混改以"混"促"改"的理念事实上是对当年价格改革双轨制从"双轨"最终过渡到"单轨"的理念的传承和延续。

需要说明的是，在国企改革实践中，我们还观察到另外一种看似与"混改"思路并行的国企改革思路，那就是通过并购重组实现国有资源的重新组合和国资产业布局的优化。其中典型的例子如南车和北车于2015年合并为"中车"，宝钢和武钢于2016年合并为"宝武"，中核与中核建于2018年合并为新的中核等。相对于前面讨论的"混"的国企改革思路，我们也许可以把这一种思路称为"并"的思路。我们看到，"并"的思路对于切实推进对国企改革至关重要的混改具有一定的迷惑性、干扰性，甚至误导性。在国企改革究竟应该是"并"还是"混"的问题上，我们始终坚持强调，与其"并"，不如"混"。

我们之所以强调国企改革"与其'并'，不如'混'"，主要是出于以下两方面的担心。其一，除了本身容易招致垄断质疑，甚至卷入一些国家启动的反垄断调查，"并"所导致的局部垄断产业结构会带来暂时高额（垄断）利润，掩盖国企真正需要解决的体制转化问题，从长远看不利于国企经营体制的转化和管理效率的提升。这方面的典型例子是 2010 年由天津钢管集团、天津钢铁集团、天津天铁冶金集团、天津冶金集团等 4 家国有企业合并组成的渤海钢铁。在财务并表后的 2014 年，渤海钢铁一举进入美国《财富》杂志评选的世界 500 强榜单，排名第 327 位；2015 年排名进一步上升到 304 名。但从 2015 年底以来，快速扩张后的渤海钢铁陷入了严重的债务危机，105 家金融机构卷入的负债金额总计高达 1 920 亿元。

需要说明的是，很多国资背景的煤炭、钢铁、有色化工等 500 强巨头，绝大部分是通过整合而来的，而"并"与贸易、直接虚报等被一些评论者认为是"500 强速成指南"中的重要工具。因而"并"其实并不是解决国企发展所面临问题的根本途径。

其二，被"并"暂时遮掩起来的国企经营体制转换问题最终依然需要依靠"混"来解决。关于渤海钢铁债务危机的化解，首先是 2016 年 4 月把经营状况相对尚好的天津钢管集团从渤海钢铁中剥离出来，而对于钢铁主业则考虑引入民资背景的德龙钢铁做战略投资者，进行混改。我们看到，渤海钢铁在经历了"并"带来的短暂繁荣后，不得不重新回到通过"混"最终实现"改"的国企改革思路上来。这里我们大胆猜想，如果当初中国联通不是通过引入BATJ等进行混改，而是走与中国电信或中国移动等相同的合并之路，那我们今天看到的又会是怎样的中国联通呢？

因此，对于正在推进的国企改革，多年来我反复讲这样两句话：第一句话是，国企混改，"只有'混'，才能'改'"；第二句话是，国企改革，"与其'并'，不如'混'"。我们看到，其背后的理念和逻辑与1984年张维迎教授所倡导的"价格改革双轨制"的理念和逻辑是一致的。那就是，引入竞争，积极推进，务实改革。如果说30多年前双轨制的改革策略和务实理念最终使我国的价格改革获得成功，那么我们今天也十分期待国企混改能够通过与当年价格改革双轨制类似的理念和逻辑，使国企改革最终获得成功！

第 3 章
如何实现国企混改?

3.1 谁将成为国企混改引入的合格战投?

在目前以引入民资背景的战投为典型特征而实现的所有制混合的国企混改实践中,引入合格的战投无疑是同时实现现代产权理论预期的"实化股东责任"与分权控制理论预期的"形成制衡构架"的重要手段。那么,在国企混改实践中,谁将成为推动国企股东"实化股东责任"和"形成制衡构架"的合格战投呢?

像职业经理人应该具有所谓的"工匠精神"一样,国企混改引入的合格战投应该具有"股东精神",能够首先有效化解自身的代理冲突。原则上,我们不应该期待一个自身的代理冲突尚未有效化解的战投来解决国企的治理问题,这将不可避免地陷入"混改的悖论"。这里所谓的"股东精神"指的是以下两个方面:其一是股东具有单纯明确的盈利动机,由此成为推动国企经营机制持续稳定转化的内在动力源;其二是股东在分配利润时受益顺序排在所有利益相关者之后,因而能够为自己参与制定的错误决策承担相应的责任。

如果说民资由于天然地同时满足了上述两个方面的条件而成为国企混改引入的合格战投,那么,采用有限合伙构架的基金通过后天的投资协议自动完成了激励合约设计,同样成为潜在的合格战投。在一些采用有限合伙构架的基金中,除了有仅以其认缴的出资额为限对基金债务承担有限责任的有限合伙人,还有负责投资管理、对基金债务承担无限连带责任的普通合伙人。有限合伙投资协议成为协调有限合伙人与普通合伙人之间代理冲突的基础性制度安排。普通合伙人自身的投资通常在证券投资基金中占有较大的比重,构成了一项能够为未来风险承担责任的可置信承诺。这一较大比例的投入与未来绩效带来的投资回报直接挂钩,因而为了后天激励以十分自然的方式在现代股份公司中人为地向管理团队推出股权激励计划。

具体而言,在控制权向执行合伙事务的普通合伙人的实控人倾斜、实现专业化分工的同时,有限合伙构架中的有限合伙人成为股权激励计划的受益人。因而有限合伙构架兼具公司控制和股权激励两种功能,在性质上十分类似于投票权配置权重向创业团队倾斜的"同股不同权"构架。在一定程度上,由于监管环境改变终止上市的蚂蚁集团所采用的有限合伙构架可以理解为是阿里巴巴合伙人制度变相形成的"同股不同权构架"的"升级版"。这集中体现在以下三个方面:从阿里巴巴"标配"股权激励计划"升级"到蚂蚁集团"内嵌"股权激励计划;从阿里巴巴的合伙人集体持有实际控制权"升级"到由蚂蚁集团有限合伙构架下负责执行合伙事务的普通合伙人的实控人所有;从阿里巴巴合伙人制度的实施依赖主要股东的背书和谅解"升级"到依赖有限合伙构架的投资协议。有限合构架由此通过后天的投资协议自动完成了激励合约设计，具有有限合伙构架的基金由此成为国企混改引入的潜在的合格战投。

对于在重庆钢铁的混改中扮演关键角色的四源合产业发展基金，国资背景的中国宝武与民资背景的四川德胜只是其负责分担风险的有限合伙人，四源合投资公司作为其执行合伙事务的普通合伙人和基金管理人，能够代表其履行所控股的长寿钢铁进而重庆钢铁的投票表决等实控人事务。而四源合投资公司则是由四家中外股东合资共同发起成立的。除了分别持股25%的中国宝武全资子公司华宝投资有限公司和中美绿色东方投资管理有限公司，以及持股24%的深圳市招商平安资产管理有限责任公司，美国著名私募股权机构WL ROSS公司持股26%，成为第一大股东。而WL ROSS公司擅长重组钢铁、煤矿、电信、纺织等行业的破产企业，曾成功并购重组了美国第四大钢铁厂LTV和美国钢铁巨头伯利恒钢铁，是重庆钢铁混改中的四源合产业发展基金背后的关键角色。

长期亏损的重庆钢铁于2017年底选择以四源合产业发展基金为普通合伙人（GP）的有限合伙构架并将其作为战投进行混改后，四源合投资公司仅仅派了"5名既不炼钢也不炼铁"的高管，就实现了重庆钢铁经营机制的转化和治理结构的改善。一方面，混改后的重庆钢铁基于市场化原则建立了激励充分的经理人与员工激励机制。2018年混改后的CEO年薪553.91万元，是2017年度CEO年薪54.89万元的近10倍；在较短的时间内，重庆钢铁相继推出《重庆钢铁高管薪酬激励方案》和《2018年至2020年员工持股计划（草案）》。另一方面，重庆钢铁的治理结构回归到以CEO为经营管理决策的中心，实现了CEO和董事会之间的合理分工。董事会明确授权 CEO 在机构设置、技术改造等事项上可先操作后到董事会报批；而董事会的职能则回到选聘 CEO 和考核评价 CEO 等基本事项上。

在国企混改实践中，一方面要按照是否具有"股东精神"和能否有效解决自身代理问题的标准积极寻找合格的战投，另一方面要尽量避免用国企之间的"混"来代替民资背景的战投的引入，用一般基金的"混"来代替民资背景的战投的"混"，自觉走出国企混改实践过程中出现的两个认识误区。

原本以引入民资背景的战投实现所有制混合为核心内容的国企混改在一些国企的改革实践中逐步演变为国企与国企之间"同一所有制之间的混合"，上述做法尽管实现了国企改革鼓励形式之一的股权多元化，但不难看到，背离了本书在第 2.3 节指出的"实化股东责任"和"形成制衡构架"的处方原则，不利于国企所面临的所有者缺位问题及其衍生的内部人控制问题的根本解决。而国企在引入盈利动机明确的民资背景的战投后，直接承担未来经营风险的民资背景的战投从盈利目的出发，将积极推动国企打破以往僵化的经营管理体制，实现经营机制和管理体制的转化。因而，民资背景的战投天然的明确的盈利动机成为推动国企内部经营机制转化和治理制度改善的内在长效激励机制。这事实上是以往任何国资及其代理人通过后天植入短期激励计划所无法长久维持的。

一段时期以来，以中国国有企业结构调整基金（以下简称"国调基金"）、中国国有资本风险投资基金为首的国家级基金系迅速崛起。多地的国资基金战队也正加速扩容。不断壮大的国企混改基金将进一步拓宽社会资本参与混改的渠道，助力新一轮国企改革深化,同时将进一步激发资本市场的活力。但值得关注的是,没有经过有限合伙构架优化激励机制和不具备控制功能的普通基金同样无法成为国企混改中引入的合格战投。这是由于,这些国企混改基金对总体盈利回报的诉求大于对推动国企经营机制转化的诉求,对投资风险分担和投资组合管理的诉求大于对公司治理制度建设的诉求。此外,这些国企混改基金一定程度存在着基金之间的搭便车问题和自身的委托代理问题。因此,看起来基于市场化运作的国企混改基金,其实仅仅是新一轮国企混改的配套方案和补充手段,而并不能成为国企混改的根本实现途径。

用参与过多个国企混改项目的复星集团董事长郭广昌的话来说,国企改革的核心是要解决"所有者在位"的问题,"混合所有制在经营上一定要发动民营企业,民营企业哪怕只占5%、10%,也会按照100%拥有这个企业那样负责任,这样国有资本就很好地借用了民营资本所有者在位的优势"。毕竟,如果民资从国企混改中无法赚到钱,它会"以脚投票",选择理性退出,并不会像来自所有者缺位的国资和存在搭便车倾向的一般基金那样只是在"花别人的钱,办别人的事",道德风险倾向和行为几乎难以避免。

3.2 国企混改实践过程中出现的两个认识误区

在新一轮国企混改实践中,不仅国企与国企之间相互参股,就连引入国企混改基金,也被一些实践者认为是国企混改的实现和完成。这事实上是国企混改实践中存在的两个重要认识误区。只有走出上述认识误区,我们才能切实推进亟待深化的国企混改。

"误区"之一是用国企之间的"混"代替民资背景的战投的引入。国企之间的"混"可以归纳为两类：一类是央企对地方国企甚至地方国企之间的重组整合，例如，宝武对马钢的并购、招商局对辽宁港的并购等；另一类是直接引入国资背景的战投，典型的例子是2019年12月国家电投推出的黄河公司混改项目等。通过释放35%的股权，黄河公司混改引入了中国人寿、工商银行、农业银行、中国国新、国投集团、浙能集团、云南能投以及中信证券等8家战略投资者。相关资金将主要用于开发海南州、海西州等大型能源基地，偿还银行贷款等。国家电投相关负责人称，"该项目是国家电投推动混合所有制改革、加快清洁能源发展的重要举措，是黄河公司改革发展、走向资本市场的重大里程碑"。

我们看到，上述混改实践表明，原本以引入民资背景的战投实现所有制混合为核心内容的混改在实践中逐步演变为国企与国企之间"同一所有制之间的混合"。在2020年10月召开的"中国公司治理50人论坛"上，常修泽直斥上述做法为"同性恋"。

为什么国企混改实践中会出现以"国企之间的混"代替引入民资背景的战投的现象呢？其一是相关国企混改推出的现实举措并没有很好保障战投的权益，实现各方激励相容，这使有能力和实力的民资并不情愿成为国企混改中引入的战投。其二是由于一些国企改革的实践者对引入民资背景的战投进行混改的深层次目的存在误解。一些国企改革的实践者提出，我们是做资源开采的，也许并不需要引入搞计算机的（BATJ）战投进行混改。其三是一些国企的混改与国企自身所面临的债务危机消除和过剩产能化解联系在一起，以混改之名行债务危机消除和过剩产能化解之实。面对这些国企高企的债务和过剩的产能,民资背景的战投参与混改的意愿并不强烈。国企与国企之间的"同一性质的所有制"的混合很大程度上成为这些企业的"无奈之举"。

那么,为什么我们应该在国企混改实践中坚持以引入民资背景的战投实现所有制的混合作为国企混改的正确方向呢?

第一,坚持引入民资背景的战投的混改方向是由新一轮国企改革启动时的现实背景决定的。我们知道,2013年以来启动的以不同所有制混合为典型特征的新一轮国企改革的现实背景来自以下两个方面。其一是,20世纪90年代末改制带来的改革红利消失后,国企陷入新的发展困境,一些国企成为新的僵尸企业,而另一些国企则面临产能过剩所带来的效益下滑,国资保值增值压力山大。其二是,普通公众等对国企垄断经营、高额补贴和不公平竞争现状的不满,国企的垄断经营、高额补贴和不公平竞争一定程度上挤压了民企的发展空间。

第二,坚持引入民资背景的战投的混改方向是由新一轮混改试图解决的国企面临的核心问题决定的。用弗里德曼的话来说,"花别人的钱,办别人的事"的国企面临的核心问题是所有者缺位问题和由此引发的内部人控制问题,导致"既不讲效率,也不讲节约"。而国企在引入盈利动机明确的民资背景的战投后,直接承担未来经营风险的民资背景的战投从盈利目标出发,将积极推动国企打破以往僵化的经营管理体制,实现经营机制和管理体制的转化。因而,民资背景的战投天然的明确的盈利动机成为推动国企内部经营机制转化和治理制度改善的内在长效激励机制。这事实上是以往任何国资及其代理人通过后天植入短期激励计划所无法长久维持的,仅仅是厉以宁所说的"国企红红火火两三年"。

与此同时，引入民资背景的战投还将有助于防范以往国企一股独大下的监督过度问题和解决以往国企普遍存在的预算软约束等问题。盈利动机明确的民资背景的战投将与原国有控股股东之间形成竞争关系，从而股权制衡的分权控制格局将会成为以往国企一股独大下国有控股股东及其代理人可能做出错误决策的重要纠错机制。民资背景的战投及其委派的董事将会及时阻止主要股东做出的有损自身利益的商业决策。而风险在包括民资背景的战投在内的股东之间分担一定程度上避免了以往决策错误不得不最终由来自纳税人的财政补贴埋单的局面，使原本软化的预算约束逐步硬化起来。

第三，坚持引入民资背景的战投的混改方向是在总结过去通过国资之间的"混"进行混改的失败教训和成功经验的基础上得到的。2019年9月安徽国资委将马钢集团51%的股权无偿划转至中国宝武。这与2011年8月广东国资委将其所持有的韶钢集团51%的股权无偿划转给宝钢集团，在央企和地方国企之间进行"国企混改"的方式如出一辙。在宝钢入主的很长时间里，韶钢的经营机制和管理体制并没有实现根本转变。这体现在尽管在混改两年之后宝钢开始委派董事监事，但高管依然以原韶钢的管理团队为主；而高管的薪酬依然停留在原有水平；员工人数长期维持稳定。混改当初宝钢提出的"管理瘦身、组织机构变革、人力资源优化"的工作目标均未实现。作为韶钢的上市子公司松山除了在每连续两年亏损后为了保壳，会出现短期的盈利外，在上述所谓"混改"完成后净利润长期处于亏损状态。

另一个例子是山东海化集团在划归中国海洋石油集团有限公司体系11年后，控制权重新回到"老东家"潍坊国资委。按照《经济参考报》2020年12月8日的报道，山东海化集团不仅未能"背靠中海油集团这棵大树，搭上石化和海洋化工新兴产业高速发展的快车"，反而一落千丈。

而作为对照，长期亏损的重庆钢铁于2017年底选择由四源合产业发展基金作为战投进行混改，成为引入民资背景的战投进行国企混改的成功典范。

"误区"之二是用基金的"混"代替民资背景的战投的"混"。以山东省济南市为例。基金规模为50亿元、首期规模为20亿元的济南国有企业改革发展基金通过与国内外投资者合作，最终形成200亿元的总体规模。不断壮大的国企混改基金被认为将进一步拓宽社会资本参与混改的渠道，助力新一轮国企改革深化，同时将进一步激发资本市场的活力。上述国企混改基金以怎样的方式进入国企实体经济层面，将不仅关系到实体层面的国企混改的实现问题，而且关系到国有资产监管体系的构建问题。

设计国有资本投资、运营公司的初衷是在国资委与实体经济之间形成"隔离层"，实现国有资产监管体系从"管企业"向"管资本"转变。在中国联通混改的案例中，持股6.1%的诚通（即中国诚通控股集团）旗下的国调基金即扮演着国有资本运营公司的角色。在中国联通的董事会组织中，尽管国调基金的持股比例高于引入的民资背景的战投BATJ，但它并没有委派董事。

而国调基金是经国务院批准，受国务院国资委委托，由诚通发起设立的，其股东包括诚通、建信投资、招商金葵、中国兵器、中国石化、国家能源集团、中国移动、中交集团、中车资本和金融街集团等10家中央企业和地方国有企业、金融机构，诚通的全资子公司诚通基金管理有限公司是国调基金的管理人。国调基金的宗旨是，"坚决以落实国家战略、促进央企发展为使命，以优化国有经济布局结构、提高央企产业集中度为目标，以推动央企及国有骨干企业转型升级为服务内容，以直接投资与搭建专业子基金为主要投资方式，深度挖掘企业价值，努力扩展行业投资领域，充分发挥基金引领与带动作用"。至少在中国联通的混改案例中，作为国有资本运营公司的国调基金更多在扮演作为联通集团的战略同盟军的财务投资者角色。

在央企混改层面，国资性质的股东除了属于国有资本运营公司的诚通、国新等外，还有由原来国务院专业部委演化而来的产业集团。例如，在中国联通的混改案例中，即使在混改完成后，由国务院国资委全资控股的产业集团——联通集团对中国联通的持股比例依然保持在36%。产业集团是否能像新一轮国企混改最初所预期的那样，向国有资本投资公司这一国资委与实体经济之间的"隔离层"转型，值得期待和观察。

而在一些地方国企的混改实践中，此类的国有资本投资、运营公司有时直接成为原来产业集团的替代，甚至成为产业集团的上一级控股公司，并委派代表自己利益的董事加入混改的国企实体经济中。这使得地方国企层面的国有资本投资、运营公司与最初为其所设计的职能定位更加吻合。我们以天津为例。天津按行业大类先后成立津联（对应制造业）、津诚（对应非制造业）和国兴（对应高新产业）三家国有资本投资、运营公司。天津国资委于2017年7

月设立了注册资本为 120 亿元的国有独资公司津诚,由其负责非制造业国有企业"国有资产的资本化"后的投资和运营。2018 年 4 月 19 日,天津国资委将所持有的天房集团等的 100% 股权按照经备案的评估值注入津诚。经过上述机构设立和资产处置,理论上,天津国资委未来将以津联、津诚和国兴等国有资本投资、运营公司作为国资监管对象,与经营实体天房集团等不具有直接的产权关系,从而为国有资产监管体系从以往"管人管事管资本"向"管资本"转化创造了条件。

那么,无论是在中央国企层面还是在地方国企层面,简单引入国企混改基金是否就能够很好地实现国企混改最初的目标呢?

第一,这些国企混改基金对总体盈利回报的诉求大于对推动国企经营机制转化的诉求。看起来一些基金作为战略投资者参与国企的混改,但有限的持股往往使上述基金在很大意义上蜕化为财务投资者,追求短期投资的稳健和盈利。而经营机制的转化往往伤筋动骨,持续的时间长,见效慢,不是每个基金都有耐心和兴趣去推动国企经营机制的转化,使国企真正成为市场主体。

第二,这些国企混改基金对投资风险分担和投资组合管理的诉求大于对公司治理制度建设的诉求。从基金的本性出发,很多基金更大的兴趣点在于寻找投资机会,形成风险整体可控的投资组合,"把鸡蛋放在不同的篮子里"。这些基金会把更多的时间和精力用在投资组合管理上,而对通过委派董事参与持股企业的公司治理制度建设则兴趣索然。

第三,这些国企混改基金存在着基金之间的搭便车问题和自身的委托代理问题。通过成立各种国企混改基金增加社会资本参与的途径的出发点无疑具有合理性，但上述混改基金及其所引入的社会资本一方面在推动混改国企的经营机制转化和公司治理制度建设上存在搭便车倾向，这是参与者众多所带来的公共选择的必然结果；另一方面，这些引入的社会资本和国资本身不得不通过聘请基金管理团队来管理基金的日常事务，而这必然产生新的委托代理问题。关于国企混改的文件中即有"推进国有资本投资、运营公司改革"的提法。既然基金自身尚且需要建立复杂的治理构架和激励机制来解决存在的委托代理问题，那它又如何能够形成合力来推动混改国企的经营机制的转化和公司治理制度的建设?！一定程度上，相关实践陷入"依靠自身需要建立治理构架的基金来解决混改国企的治理构架问题"的悖论中。

因此，由于上述几方面的原因，看起来基于市场化运作的国企混改基金其实仅仅是新一轮国企混改的配套方案和补充手段，而并不能成为国企混改的根本实现途径。在对通过成立各种国企混改基金来推动国企经营机制转化这一混改根本任务的实现上，我们不应该有太多的期待。我们把目前国企混改实践中出现的四种潜在"混"的对象——国资之间的重组、引入国资背景的战投、引入国企混改基金和引入民资背景的战投，在典型特征、主要功能、兴趣所在、存在的问题等方面的比较总结在表3-1中。

表3-1 四种潜在国企混改实现模式的比较

	典型特征	主要功能	兴趣所在	存在的问题
国资之间的重组	操作相对简单，甚至无偿划拨	优化资源配置	对过剩产能的化解	所有者缺位、长委托代理链条和内部人控制

续表

	典型特征	主要功能	兴趣所在	存在的问题
引入国资背景的战投	服务国家发展战略	产业布局	进行资产组合管理	所有者缺位、内部人控制和战投之间的搭便车
引入国企混改基金	为社会资本参与混改提供途径	分担风险和进行资产组合管理	追求短期盈利和稳健投资	搭便车和基金自身的委托代理
引入民资背景的战投	盈利动机明确	参与公司治理制度建设	推动经营机制的转化	如何使民资背景的战投激励相容

那么，什么才是真正的国企混改呢？从新一轮国企混改的现实背景和拟解决的关键问题出发，我们看到，只有那些真正推动国企经营机制转化和公司治理制度建设的国企改革举措才能真正称得上是混改。国企改革最需要解决的不是"缺钱"的国企引入社会资本的问题（一些居于垄断行业的国企甚至"不差钱"），而是如何使真正的所有者上位，解决有效监督缺失的问题，从盈利动机出发自觉推动经营机制的转化，使国企成为真正的市场主体。而民资背景的战投盈利动机明确，希望通过经营机制的转化和有效监督经理人的公司治理制度建设实现投资回报。因此，为了真正解决国企面临的"所有者缺位下的内部人控制"这一核心问题，民资背景的战投才是新一轮国企混改中真正应该选择的"混"的对象，引入民资背景的战投相应成为国企混改最基本和重要的实现途径。

需要说明的是，一些看起来与国企有关的活动虽然有助于改善国企的经营管理状况，却并非混改本身。例如，"国企聚焦主业，剥离企业办社会职能"不是混改；"推进国有经济布局优化和结构调整，增强国有经济竞争力、创新力、控制力、影响力、抗风险能力"不是混改；国资之间的合并，引入国资背景的战投和国企混改基金，仅仅是在解决并非至关重要的资金问题，同样不是混改。

在评价选取的国企混改的指标时，我们不是简单地看混改引入社会资本的数量有多少、规模有多大。单纯看引入多少社会资本，国企混改基金、国资之间的合并，甚至历史上通过上市完成的国企改制其实引入的社会资本都是很可观的，但由于国企改制没有带来国企经营机制的转化和公司治理制度的建立，一轮国企改革完成后不得不过一段时间再启动新一轮的国企改革，使国企改革陷入不断的反复和轮回。

一个评价国企混改成效的真正标准也许是：是否形成市场化的用人机制；是否建立与绩效挂钩的市场化薪酬体系；是否形成制衡的股权结构和董事会组织，且对于损害公司价值和股东利益的决策有股东或董事站出来说"不"。

第 4 章
国企混改的成功模式

4.1 国企混改的中国联通模式

在经历了 2018 年 2 月 8 日新一届董事会的诞生等事件，始于 2017 年 8 月的中国联通混改随着 2018 年 2 月 11 日被称为混改最后一块拼图——员工股权激励计划方案的出炉告一段落。中国联通作为垄断领域的大型央企，它的混改始终受到媒体和公众的高度关注，成为国企混改的风向标。从中国联通告一段落的混改中，我们可以总结一些经验，甚至可以总结出所谓的"中国联通模式"，供其他正在进行混改的国企借鉴。

从 2017 年 8 月引入中国人寿和 BATJ 等战略投资者之后中国联通的股权结构来看，中国人寿和 BATJ 等战略投资者持股 35.19%，联通集团合计持有中国联通约 36.67% 的股份。民资背景的战略投资者中出资比例最高的腾讯和百度分别只占到 5.18% 和 3.3%，与合计持股达 36.67% 的联通集团相差甚远。除持股比例高于腾讯等的中国人寿属于国企背景外，几家民企背景的互联网巨头的竞争关系远大于合作关系。根据《上市公司收购管理办法》第 84 条第 2 款的规定,"联通集团继续拥有本公司的控制权"。因而,从中国联通混改后的股权结构来看,参与混改的民企背景的战略投资者无法对主要股东形成有效的制衡。中国联通上述国资占优的股权结构安排一度引发观察者对战略投资者如何保障自身权益的担忧。

然而,随着 2018 年 2 月 8 日中国联通新一届董事会的诞生,观察者的担心部分得以消除。从新一届董事会组织来看,主要发生了以下几个显著变化。其一,董事会规模由过去的 7 人扩大为现在的 13 人,其中独立董事为 5 人,独董比例达到 38%,略高于监管当局通常不低于三分之一的要求。其二,在 8 名非独立董事候选人名单中,除了 3 位中国联通高管,其余 5 位均来自中国人寿、百度、阿里巴巴、腾讯、京东等战略投资者。其中,李彦宏、胡晓明等"商业明星"进入中国联通新一届董事会。

我们注意到,持股 3% 左右的百度拥有中国联通董事会 8 名非独立董事候选人中的 1 个席位(占比 12.5%),这在股权相对集中的我国 A 股市场中并不多见。我把上述主要股东通过在董事会组织中提名更多董事,形成对董事会重大决策的实际影响力与其持股比例所反映的责任承担能力"分离"的公司治理现象称为"超额委派董事"。理论上,与金字塔控股结构下最终所有者对处于底部的上市公司的所有权与现金流权的分离类似,超额委派董事同样意味着承担责任与享有权利的不对称,形成一种经济学意义上的"负外部性"。作为"现金流权与控制权分离"的实现形式,超额委派董事与金字塔控股结构、家族成员出任家族企业董事长一样,通常被认为是第一大股东实现公司控制的重要途径。

然而，值得我们关注的是，在中国联通新一届董事会组织中，超额委派董事的百度并非控股股东联通集团，而仅仅是这次混改引入的战略投资者。容易理解，在围绕董事议案的讨论中，代表处于信息弱势地位的中小股东的董事拥有更多的表决权，显然有助于对中小股东利益的保护。因而，看起来与"负外部性"联系在一起的超额委派董事现象如果是由于作为非控股股东的战略投资者产生的，则不但不会加强控制，或通过未来"隧道挖掘"损害股东利益，反而会成为制衡控股股东的力量。这事实上是我们最初在中国联通国资占优股权结构的混改方案公布后仍保持乐观的原因。战略投资者的引入将使中国联通主要股东之间形成"分权控制"的格局成为可能。控制权在几个主要股东之间分享的结果使几个主要股东在保护各自利益的讨价还价过程中可能形成有利于保护外部广大分散股东利益的折中效应。

我们以2018年1月29日万达商业的董事会组织为例。腾讯与万达、百度曾一度合作打造所谓的"腾百万"项目，但由于无论在股东层面还是在董事会层面都不占优，腾讯和百度的相关意见没有得到充分尊重，二者最终选择了放弃。而按照新签订的万达商业项目战略投资协议，"苏宁、京东、腾讯和融创在万达商业将拥有董事会席位"。上述制度安排在一定程度上增加了腾讯等战略投资者在董事会层面占优的可能性。通过在董事会组织层面引入更多来自战略投资者的董事，使战略投资者的利益得到兼顾，弥补了股权结构依然一股独大下战略投资者的利益无法得到有效保护的不足，使战略投资者能够在一定程度上变得激励相容。战略投资者超额委派董事因而成为制衡控股股东的重要力量和保障战略投资者利益的一个可置信承诺。

我们看到，中国联通混改事实上与民企万达"混改"遵循了共同的商业规则。那就是，只有使混改参与各方的利益得到充分保障，彼此激励相容，各方才能真正做到合作共赢，混改才可能最终获得成功。

如果我们硬要把国企中国联通的混改经验总结为一种模式，那么，一种可能的模式是：在股权结构上国资占优，但在董事会组织中战投占优。前者由中国联通所在的垄断领域的战略属性决定，联通集团甚至在必要时可以利用控制性股份行使"一票否决权"，而在主要涉及日常经营管理决策的董事会层面则需要更多倾听像李彦宏等商业精英的意见。二者的结合同时也很好地体现了近年来公司治理理论和学术界强调的公司治理理念的转变：公司治理应该逐步从单纯强调保障股东权益的传统理念向在保障股东权益和鼓励创业团队围绕业务模式创新进行人力资本投资之间保持平衡的全新理念转变。"在股权结构上国资占优，但在董事会组织中战投占优"这样一种混改模式也许就成为目前我们从中国联通告一段落的混改实践中提炼出来的重要经验。未来，关于如何保障混改参与各方的利益，实现多方合作共赢，我们还需要在混改实践中开展更多的新的尝试和探索。

4.2 有限合伙构架与重庆钢铁的"混改"

长期以来，国企发行的债券在政府的隐性担保下给人们留下了"刚性兑付"的印象，往往获得"AAA"的信用评级。即使在市场逻辑和盈利原则发挥主导作用的债券市场，"国企信仰"依然这样一步步地被打造起来。然而，2020年爆发的河南永煤"逃废债"等事件在一定程度上表明，刚性兑付的国企信仰正在被打破。一方面，国家监管政策演变的内在逻辑开始强化企业作为市场主体的责任。这事实上是我国资本市场监管当局一段时期以来强化相关退市制度的大的政策背景。而另一方面，受到捉襟见肘的财政预算的限制，一些地方政府在国企救助问题上陷入前所未有的困境，原来可能实行预算约束软化，现在则变得有心无力。

因而，永煤"逃废债"等事件的发生一方面标志着受到地方政府财政状况的限制，国企债务问题以及同样与政府隐性担保行为连接在一起的城投债问题将成为未来防范系统性金融风险的政策重点；另一方面则标志着国企混改深入所面临的形势十分紧迫，需要国资管理部门拿出切实可行的政策，积极推进。时任宝武集团董事长的陈德荣在2020年10月举办的"中央企业混合所有制改革暨中央企业民营企业协同发展项目推介会"上指出，"现在面临的竞争压力非常巨大，国有企业不改革没有出路，国企改革难度很大，大方向是与民企混改"。

未来，国企混改的突破事实上离不开以下两个关键问题的解决：其一是如何通过公司治理制度设计，使民资背景的战投激励相容，愿意参与国企混改；其二是如何实现从原来专业部委转型而来的产业集团进一步向国有资本投资公司转型，真正实现国有资产监管体系从"管企业"向"管资本"转化。二者相辅相成，互为因果。

在以从管企业向管资本转化为政策目标的新一轮国企混改中,未来国有资本的一个重要发展趋势就是投资的基金化。我们注意到,重庆钢铁引入四源合产业发展基金这一具有民资背景属性的战投,通过形成有限合伙构架进行混改,将国企混改引入民资背景的战投的激励相容问题与国资从产业集团向国有资本投资公司的转型问题很好地结合起来,开创了引入民资背景的战投进行国企混改的新范式,值得在国企混改实践中广为推广和借鉴。

在有限合伙构架中,一家或数家有限合伙企业成为混改国有企业的主要股东。而在每一家有限合伙企业中,普通合伙人在作为执行事务合伙人对合伙企业的债务承担无限连带责任的同时,代表有限合伙企业进行投资管理,而有限合伙人以其认缴的出资额为限对合伙企业的债务承担有限责任。有限合伙构架之所以成为股权投资基金十分青睐的组织类型之一,是由于其在使出资人以有限合伙人的方式对投资风险进行隔离的同时,(负责投资管理的)普通合伙人与(负责风险分担的)有限合伙人的专业化分工带来了投资效率的提升。此外,在有限合伙企业中,每个合伙人单独缴纳所得税,不需要缴纳法人所得税,总体税负水平较低。无论是股改后的格力股份还是上市夭折的蚂蚁集团,事实上都是采用有限合伙构架形成公司的基本治理框架的。

第3.1节提到了重庆钢铁成为通过有限合伙构架完成混改的典型。作为重庆钢铁主要股东的长寿钢铁分别由两家有限合伙企业持股,其中四源合产业发展基金这家有限合伙企业持股75%,成为其控股股东。然而,在这家有限合伙企业中,国资背景的中国宝武与民资背景的四川德胜只是负责分担风险的有限合伙人，四源合投资公司作为四源合产业发展基金执行合伙事务的普通合伙人和基金管理人，能够代表其履行所控股的长寿钢铁进而重庆钢铁的投票表决等实控人事务。

事实上，我们可以把重庆钢铁混改案例中四源合有限合伙构架的形成理解为在国企混改实践中完成了股东权利实现方式的创新。传统上，股东在股东大会上对重大事项表决的投票权被认为是2016年诺贝尔经济学奖得主哈特教授所发展的现代产权理论中剩余控制权的集中体现，由出资比例决定的收益分红权被认为是剩余索取权的体现。在"同股同权"构架下，股东按照持有股份的多寡，依据"一股一票原则"直接在股东大会上完成投票；在"同股不同权"构架下，由于投票权的配置权重向创业团队倾斜，外部分散股东持有的是被稀释的"投票权"。

面对互联网时代日渐严重的信息不对称现象，把自己不熟悉的业务模式创新事项的投票表决权委托给专业投票机构代理将受到越来越多股东的欢迎。而重庆钢铁混改采用的有限合伙构架在一定程度上成为代理股东投票权的另类实现方式。在重庆钢铁混改采用的有限合伙构架中，负责合伙事务的普通合伙人代表有限合伙公司行使持有股票的股东的投票权，而有限合伙人则负责承担风险。这里普通合伙人代行的股东投票权所对应的事实上是哈特意义上的股东剩余控制权，有限合伙人负责承担风险所对应的是哈特意义上的股东剩余索取权。我们看到，在有限合伙构架下，原本统一于同一股东的关于剩余控制权与剩余索取权的股东权利行使实现了深度专业化分工。正是通过引入有限合伙构架，长期亏损的重庆钢铁在四源合投资公司仅仅派了"5 名既不炼钢也不炼铁"的高管的情况下，实现了重庆钢铁经营机制的转化和治理结构的改善。

重庆钢铁混改采用的有限合伙构架实践也得到了一些国企改革实践者的相关政策主张的支持。例如，全国社保基金理事会原副理事长王忠民 2019 年 11 月 26 日在"国资大讲坛"上海专场上指出，"改变当前国有资产管理模式，站在资本运营受托人的角度全新思考国资，手段上要充分借力母基金模式"；"只有投资链条表现为从母基金到基金，再到被投企业，才可以让基金的专业投资价值得以实现，让不同特性的资本只做自己的事情，同时也可以规避风险和冲突"。王忠民特别提道："让国有资本不仅做有限合伙人也做普通合伙人，直接去选择投资对象，一定会在利益的对冲性、风险的对冲性当中错位，从而直接导致国有普通合伙人做基金投资的风险加大"；"在基金运营模式方面，国有资本适合做有限合伙人而不是普通合伙人，毕竟普通合伙人对投资项目的选择和管理负有无限责任"。

需要说明的是，有限合伙构架同时为在涉及避免国有资产流失等重大事项上行使"一票否决"的"金股"留下了制度设计空间（参见本书结语对这一问题的进一步讨论）。在有限合伙构架中，通常需要设立有限责任公司来隔离普通合伙人所承担的无限责任风险。在由国资背景的中国宝武与民资背景的四川德胜作为有限合伙人的四源合产业发展基金中，四源合投资公司是执行合伙事务的普通合伙人和基金管理人。作为"隔离普通合伙人无限责任风险"的有限责任公司,四源合投资公司是由四家公司合资组成的有限责任公司。除了在重庆钢铁混改中扮演关键角色的持股26%的WL ROSS公司,其他三家分别为性质为国资的持股25%的中国宝武全资子公司华宝投资有限公司、性质为合资的持股25%的中美绿色东方投资管理有限公司以及性质为地方国企的持股24%的深圳市招商平安资产管理有限责任公司。

2020年10月,成功带领重庆钢铁走出经营困境的战投四源合投资公司选择退出,使重庆钢铁重新回到国资的控制中。四源合投资公司一方面向四川德胜转让四源合产业发展基金的合伙权益,另一方面则宣布解散四源合产业发展基金,将该基金持有的长寿钢铁75%的股权向中国宝武与德胜集团进行非现金分配,使中国宝武获得长寿钢铁40%的股权。与此同时,与重庆战新基金达成一致行动协议的中国宝武取得长寿钢铁的控股权,从而使重庆钢铁间接实现国资控制。

在国企混改实践中,产业集团也许可以考虑借鉴重庆钢铁混改的有限合伙构架模式,围绕如何实现国有资本的保值增值、如何做强做大做优国有资本、如何实现国有资产监管体系从管企业向管资本转化,一方面自降身价,主动扮演母基金或是有限合伙人的角色;另一方面在国内外物色风险共担的一流专业基金管理团队作为普通合伙人。而选择四源合投资公司作为有限合伙构架中的普通合伙人显然是重庆钢铁混改成功十分重要的环节之一。

4.3 格力股改：走完国企改制的"最后一公里"

2019年12月2日晚，格力电器发布公告，原大股东格力集团已与高瓴资本旗下的珠海明骏签署格力电器股份转让协议。在格力集团完成向珠海明骏的股份转让协议后，斥资416.6亿元从格力集团手中收购格力电器15%股权的珠海明骏成为格力电器新的大股东。而董明珠则借助传统的控股和有限合伙构架的综合设计，最终构建了一个长达四级的金字塔式的控股链条，这对第一大股东珠海明骏在格力股东大会的投票表决行为具有实质影响。

按照格力电器2019年三季报，截至9月末，在公司前十大股东中，格力集团持股18.22%，为第一大股东；香港中央结算有限公司、由格力空调经销商设立的河北京海担保投资有限公司分别持股11.92%、8.91%，列居第二、第三。此外，董明珠持股0.74%，为第七大股东；高瓴资本持股0.72%，为第八大股东。

这意味着，在格力股改完成后，董明珠可以潜在影响的股份，除了她直接持有的0.74%和由格力空调经销商设立的河北京海担保投资有限公司所持有的8.91%，还包括将借助上述有限合伙构架和持股框架形成的金字塔式控股链条影响第一大股东珠海明骏所持有的15%。这尚不包括按照相关协议，上市公司未来还将给予管理层不超过4%的股权激励。我们理解，这是一些媒体报道2019年1月成功连任格力电器董事长的董明珠成为这次格力股改"最大赢家"背后的原因。

应该说，围绕国企改制如何走完"最后一公里"以及如何设计股权结构以加强公司控制等方面，格力这次股改突破了以往固有的模式，开展了积极和有益的探索。

第一，国有资本的适时退出和企业家择机入股，一方面变相承认了创业企业家董明珠的历史贡献，另一方面则帮助格力成功走完了国企改制的"最后一公里"，实现了格力的有序传承。我们知道，有序传承问题不仅在民营家族企业中存在，很多从早年国企改制而来的带有国企基因的上市公司同样面临这一问题。历史上，葛文耀曾经所在的上海家化、曾南曾经所在的南玻Ａ等由于没有较好地解决传承问题，为这些企业未来的发展或多或少埋下了隐患。

纵观这些声名赫赫的创业企业家，我们不难发现，他们身上有很多共同之处。其一，他们付出大半生的努力引领当年规模很小甚至亏损严重的国企或集体企业一步步成长为今天的行业龙头；其二，按照股权结构，他们并非企业真正的主人，即使在企业上市后他们持有的股份也并不多；其三，这些经历过历史考验的优秀企业家对于他们所在的企业甚至行业具有举足轻重的影响力。如果在股改过程中，我们能够以某种方式承认这些创业企业家的历史贡献，妥善解决这些由国企改制而来的上市公司所面临的特殊传承问题，将有助于这些企业实现基业长青；反之，则会给这些企业未来的持续发展投下阴影和带来隐患。

在万科遭遇宝能举牌，进而引发的宝万股权之争中，历史原本可以为我们在实践中探索如何承认创业企业家的历史贡献，使万科这一同样由国企改制而来的上市公司实现有序传承提供极佳的机会——无论是采用黄金降落伞,还是给予直接或间接的股权都是基于市场化思路解决当时股权纷争的可行方案,令人感到十分遗憾的是,万科最终出人意料地选择引入深圳国资维持现状,并没有试图从根本上解决万科所面临的特殊传承问题,而是将其简单搁置起来。

也许是吸取解决万科有序传承问题的教训,我们看到至少在这次格力的股改中,无论是控制性股份的转让方格力集团(及其背后的珠海国资委),还是董明珠本人都在更加主动和积极地寻求市场化的解决方案。从万科的经验看,我们可以理解没有得到股权认同的创业企业家在"走和留"的问题上的决定,但有时难以避免的意气用事与长期股权纷争使万科陷入发展僵局和困境相信是所有人都不愿意看到的。在一定意义上,在各方的共同努力下,这次格力股改帮助格力走完了国企改制的"最后一公里",实现了格力这一具有国企基因的上市公司的有序传承。格力股改的实践也为在中国为数不少的类似企业如何走完国企改制的"最后一公里"积累了难得的宝贵经验。

第二,在格力股改过程中,董明珠通过综合采用传统的控股和有限合伙构架,以新的思路开展股权结构设计,加强了对公司的控制。

除了借助传统的控股,董明珠还借助有限合伙构架,并综合使用两种控制方式,最终形成了一个长达四级的金字塔式控股链条,奠定了其对格力电器第一大股东珠海明骏在格力股东大会投票表决行为中发挥潜在影响的股权构架基础。

在这次格力股改中，董明珠建立的金字塔式控股链条的实现方式可谓令人眼花缭乱。在格力电器新的大股东珠海明骏中，除了作为有限合伙人（LP）出资 99.96% 的深圳高瓴瀚盈投资咨询中心，负责执行合伙事务的普通合伙人是出资 0.04% 的珠海贤盈。而珠海贤盈的三个股东分别是出资占 50.5% 的珠海毓秀、出资占 24.75% 的 HH Mansion Holdings 以及出资占 24.75% 的明珠熠辉。珠海毓秀作为执行合伙事务的普通合伙人，对珠海贤盈及其投资的珠海明骏的重大事项做出决策。

2019 年 9 月 26 日，格力电器管理层投资设立了由董明珠控股 95.2%、由格力电器另外 17 位高管合计参股 4.8% 的珠海格臻。珠海格臻在珠海毓秀中持股 41%，成为珠海毓秀的第一大股东。明珠熠辉同时持有珠海毓秀 34% 的股份。我们理解，这是一些媒体在报道中提及，在格力股改中，"珠海明骏及其股东珠海贤盈、珠海贤盈的股东珠海毓秀，都将引入格力电器管理层成立的合伙公司珠海格臻作为合伙方之一"的事实基础。

通过上述复杂的有限合伙构架和持股框架，事实上，董明珠和她所服务的格力电器之间形成了一条长长的金字塔式控股链条。珠海明骏是格力电器的第一大股东，珠海贤盈是珠海明骏负责执行合伙事务的普通合伙人，珠海毓秀是珠海贤盈负责执行合伙事务的普通合伙人，珠海格臻又是珠海毓秀的第一大股东，而董明珠是珠海格臻的控股股东。

按照公开披露的信息，作为珠海明骏、珠海贤盈的最高权力机构的珠海毓秀其董事会共有三个席位，高瓴资本、珠海格臻、明珠熠辉各提名一位董事，董事会决议需经三分之二及以上的董事同意才能通过。换句话说，体现和代表董明珠意志的珠海格臻至少拥有对不满意议案的"一票否决权"。尽管同时持有珠海毓秀34%的股份的明珠熠辉的角色有待观察，但毫无疑问，董明珠对珠海毓秀的董事会和股东大会的影响不言而喻。因而上述股权构架意味着在董明珠影响下的珠海毓秀的董事会和股东决策将最终体现为格力电器第一大股东珠海明骏所提的相关议案和在股东大会上的投票表决行为。

容易理解，创业团队为了加强对公司的控制，往往倾向于，或者类似于京东和百度通过直接发行AB双重股权结构股票，或者类似于阿里巴巴通过基于股权协议和在主要股东背书与认同下的合伙人制度变相形成"同股不同权"构架，以此在投入资金有限的情况下实现对公司的有效控制。而此次格力股改，在一定意义上，董明珠通过综合控股和有限合伙构架同样实现了上述目标。

但这里需要说明，采用上述构架显然并非没有成本，更不像一些媒体解读的那样，"四两拨千斤"。作为一系列有限合伙投资协议的实际执行者，董明珠未来将背负巨大的短期投资回报压力。上述投资回报压力将迫使董明珠义无反顾、一往无前坚定地走下去。在一定意义上，原第一大股东格力集团通过转让第一股东的地位将原来背负的不堪承受的格力电器未来发展所需要面对的市场压力和潜在挑战成功地转移到董明珠及其团队的身上。

第三，尽管格力这次股改看似走完了格力国企改制的"最后一公里"，实现了格力的有序传承，但格力未来的公司治理制度建设和运行实践依然存在诸多挑战。其一是，如何避免在有限合伙构架下追求短期投资回报压力可能对格力电器长期稳健发展战略造成干扰。其二是，已经是实际经营者的董明珠在这次股改后在股东层面平添了骤然形成的影响力。这使得董明珠在格力电器无论是在股东层面还是在董事会层面均形成了无法制衡和难以挑战的权威地位。这与在股改前存在的同时具有经济和政治影响力的大股东格力集团可能对董明珠形成的制衡不可同日而语。上述两种因素叠加后，不排除未来格力将在经营策略的选择上采取更为激进行为的可能性。因此，在格力电器的董事会组织中，如何集合各种潜在的制衡力量，形成一种自动纠错机制是未来格力董事会制度建设和运行实践中十分突出和紧迫的问题。

第 5 章
国企混改的失败案例

5.1 混改后的海航为什么依然难逃破产的命运？

作为一家最初致力于解决海南建省后当地航空运输问题的地方国企，成立于1989年9月的海航几乎进行了国企改制的所有尝试。海航曾引入乔治·索罗斯的股权投资，进行今天很多国企正在推进的混改。作为业务主体的海南航空（现简称"海航控股"）于1997年发行B股，于1999年发行A股上市。而资本在全社会范围内的公开上市被认为是混改的终极实现方式。问题是，混改后的海航为什么依然难逃破产的命运？折戟沉沙的海航又将给正在推进的国企混改带来哪些有益的启发呢？

第一，在国企混改过程中，无论是工会还是基金会，这些虚化主体的控股都无法代替民资背景的战投的参股，进而形成制衡的股权结构，阻止海航内部人控制下的盲目扩张。

在2000年1月集团正式成立后，海航通过并购快速从单一的地方航空运输企业向混业经营的跨国企业集团迈进。如果说2003

年前海航围绕国内航空、机场及境外飞机租赁等航空主业开展并购，在2003年后则开始进军与主业相关联甚至关联不大的行业。从2009年到2011年，在短短的两年内，通过并购，海航集团旗下的公司由200家迅速接近600家，涉及航空、物流、资本、实业、旅业等领域。2015年至2017年，海航系的并购更是达到了巅峰，一举入股希尔顿酒店、德意志银行、纽约和伦敦的摩天大楼、香港的"地王"等。2017年，海航以1.2万亿元总资产进阶世界500强。据接管海航的联合工作组组长顾刚描述，海航集团的股权关系树状图共三幅，每幅近3米，总长约9米，可谓海航版的"清明上河图"。

我们注意到，伴随着通过并购实现的对外扩张，海航的股权结构也经历了三个阶段的变化。在2005年之前，海航是由海南国资委及其全资控股的海南金城作为最终控制人的国企。海航的第一大股东海南交管（70%）和第二大股东广州交建（30%）同时受三亚凤凰机场控股，而海南国资委的全资子公司海南金城控股的"机场股份"成为三亚凤凰机场的控股股东。

在2005年3月，海航控股工会委员会（以下简称"海航工会"）控股的盛唐发展（洋浦）收购了三亚凤凰机场持有的海南交管50%的股权后，海航进入工会控股阶段。在海航工会于2013年10月向海南省慈航公益基金会捐赠其持有的盛唐发展（洋浦）65%的股权前，海航工会作为盛唐发展（洋浦）的控股股东成为海航的实际控制人。

按照海航集团2017年7月公开披露的信息，海航集团由Hainan Cihang Charity Foundation Inc.（29.50%）、海南省慈航公益基金会（22.75%）、12 名自然人（47.50%）以及海航控股（0.25%）拥有。其中，12 名自然人均为海航集团创始人、高管、董事，其中董事局主席陈峰、董事长王健分别持股 14.98%，为最大自然人股东。所有股东承诺，他们在离职或离世时将把通过股权激励制度获得的股权捐赠给基金会，其中约 60%的股权将捐赠给境内的海南省慈航公益基金会，约 40%的股权将捐赠给境外的 Hainan Cihang Charity Foundation Inc.。海航从 2015 年开始逐步从工会控股阶段过渡为现在的基金会控股阶段。

我们看到，无论是改制前的国资，还是后来作为过渡的工会，进而到现在的基金会，海航的控股股东始终是虚化的主体，而非盈利动机明确且强烈，同时有能力和责任承担经营风险的民资背景的个人战投。上述虚化的控股股东显然无法形成制衡的股权结构，不可避免地导致少数高管对集团经营管理事务的实际操纵，形成内部人控制格局。由于缺乏制衡的公司治理制度安排和潜在的自动纠错机制，当这些影响海航最终决策的内部人能够保持理性自觉时，海航能够步入平稳发展的轨道，甚至能快速发展；而一旦这些内部人失去基本理智和正确判断，没有人能够阻止海航向破产边缘一路飞奔。而基金会持股甚至工会持股事实上一定程度上成为少数公司高管瞒天过海，实现内部人控制的潜在手段。

第二，转制过程中非透明的暗箱操作和政府若隐若现的扶助之手的支持，使获得海航实控地位的少数内部人由于得到得太容易，并没有清晰的成本概念，面对外部资本市场的诱惑，不可避免地产生了盲目扩张的冲动。

2004 年 2 月原由海南国资委控制的三亚凤凰机场被司法拍卖，

海航集团获得其67%的股权从而掌控三亚凤凰机场。面对2008年金融危机的冲击,当地政府曾多次向海航集团及其旗下公司提供政策优惠和资金支持。2009年3月,海南省财政厅批复了给予海航集团及其旗下4家企业8亿元新增贷款的全额贴息政策。据当时媒体报道,在这一政策下,海航集团旗下公司将以几乎等于零利率的价格获得贷款。除此贴息贷款政策,为抵御金融危机带来的负面影响,海南省政府还为海航集团提供了地方发债、减少税收等优惠政策。2010年2月,海航集团旗下重要上市公司海南航空发布公告称,公司将向海南省发展控股有限公司(海南国资委全资公司)和海航集团非公开发行A股股票,共募集资金30亿元,以解决2008年金融危机以来海南航空资本金不足和资产负债率过高的问题,而其中20.47亿元将被用于偿还银行贷款。通过非公开发行股票,海航系获得来自海南省政府的15亿元资金支持。

　　第三,金字塔控股结构所具有的外部性使海航具备了通过关联交易和占用资金掏空旗下上市公司与系族其他企业的可能性,这进一步激发了海航少数内部人进行盲目扩张的动机和行为。在海航通过并购建立的庞大资本系族中,由于其旗下子公司孙公司投入的能够承担投资失败风险责任的现金流权有限,远远低于通过金字塔控股结构形成的能够对经营决策产生实际影响力的控制权,从而形成了责任承担能力与收益分配不对称的负外部性,使得海航不仅有动机而且有能力以关联交易甚至直接的资金占用方式从旗下上市公司和系族其他企业转移资源。从2021年海航申请破产重整时披露的信息来看,3家上市公司为大股东及其关联公司获取的关联性贷款和融资超过千亿元。海航由此成为通过金字塔控股结构的外部性纵容实际控制人进行资本炒作和"隧道挖掘"的又一典型例证。

海航在上述治理构架下存在两方面问题：一方面是缺乏制衡的为所欲为的内部人控制；另一方面则是政府或明或暗的扶助之手和金字塔控股结构的外部性所暂时掩盖起来的看似低廉的盲目扩张成本。而金字塔控股结构下提供违规担保等行为的发生显然离不开内部人控制格局的形成和政府扶助之手的隐性背书与担保，三者相辅相成，相互加强。例如，海航控股被其关联公司以拆借资金、履约代偿、为关联方提供担保等原因占用的资金总额超过95亿元，自身贷款资金被关联方实际使用的总金额超过178亿元。而海航控股为关联公司提供的超过80笔担保款项是股东及关联方在未经公司董事会、股东大会审议同意的情况下，擅自以公司的名义提供的。因而，今天海航走向破产的局面在一定程度上是控股股东为虚化主体导致的内部人控制、金字塔控股结构的负外部性和政府隐性的扶助之手的纵容三种因素共同作用导致的。

我们知道，并购本是企业进行战略扩张、发挥协同效应，从而实现业务发展的资本运作方式，但由于上述因素的存在，海航系的并购重组往往操作草率、忽视整合、忽视管理。这集中体现在，其一，对于几十亿美元的投资项目，尽调时间常常不超过一个月，不重视并购过程中对对方公司的了解，草率并购；其二，各业务板块及旗下企业，为了并购而并购，各自为政，没有发挥协同效应；其三，并购后对新组建公司的管理层进行长期的监控和引导的资产管理工作几乎没有，对资产缺乏主动管理和干预，使投资风险逐渐累积。

总结海航的混改之路，我们看到，混改的海航把国企与民企身上两种不良的基因意外地组合在了一起。对于"花别人的钱,办别人的事"的国企,一个不良的基因是预算约束动辄软化。由于早期不够透明的改制操作和政府扶助之手长期或明或暗的扶植,海航调动资源的能力十分强大,"得到得太容易",并不像那些真正投入"真金白银"、出资承担责任和风险的私有企业一样强调效率和成本。而对于那些自负盈亏的民企,创始人听不到不同的声音、独断专行的一言堂,往往使得民企具有任性蛮干的不良基因。混改后的海航一方面通过政府或明或暗的扶助之手的资源倾斜和金字塔控股结构的负外部性,继承了国有企业预算约束软化的基因;另一方面,在工会、基金会等控股股东主体虚化下形成的内部人控制逐步在海航身上培植了民企任性蛮干的基因。于是,混改后的海航把国企的预算软约束基因和民企的任性蛮干基因这两种不良的基因组合在一起。与完全具备民企基因的企业相比,预算约束软化下不计成本(国企的基因)而任性蛮干(民企的基因)的看似完成混改的海航不可避免地在盲目并购扩张的路上一路狂奔,一发不可收拾。

就企业的平均寿命而言,民企尽管先天具有任性蛮干的基因,但由于风险由民企自己承担,敢于冒险甚至成为企业家精神的基本特质,因而总能生生不息;而国企尽管存在预算约束软化的基因,但由于存在多目标任务冲突(有时甚至会监督过度,挫伤国企高管努力进取的积极性和主动性),会在一定程度上抑制高管类似于民企的任性蛮干,因而国企的寿命通常较长;而一些国企如果在混改过程中不能有效避免上述国企和民企两种不良基因的结合,反而可能像海航一样成为众多企业类型中寿命最短的一种。乃至于一些基于海航经历的观察者,对国企混改陷入"海航式困境"不无担心:

海航当初不改制,"死路一条";而类似于海航的国企改制,却是"一条死路"。

而通过对海航混改案例的教训总结,我们看到,国企混改走出"海航式困境"的关键是通过引入民资背景的战投,形成制衡的股权结构。具体而言,折戟沉沙的海航给正在推进的国企混改带来了以下启发:其一,避免用基金会甚至工会等虚化实体的控股代替民资背景的战投与国资相互参股,从而形成制衡的股权结构,由此建立自动纠错机制,防范内部人控制;其二,通过公开透明的改制程序,混改参与各方依据市场化原则,自觉自愿参与,彼此激励相容,避免集中改制和暗箱操作使得混改后的国企承袭国企的预算软约束基因。即使是混改后的国企,不透明的改制、以腐败方式俘获权力也将成为诱发预算软约束基因的重要制度温床。因而,国企混改不仅是一个资源重新分配的经济问题,而且是一个如何保护参与各方权益的法律问题,同时还是一个营造平等公平竞争环境的政治问题。

5.2 商学院能从北大方正破产重整案例中学到些什么?

最初由北大校资投资创办的北大方正曾是中国最大校企,其技术奠基人是"汉字信息处理和激光照排"系统的发明人王选院士。从报纸远程排版技术、彩色桌面出版系统、新闻采编流程、计算机管理系统等业务起家,到2009年左右的最辉煌时期,北大方正经营的业务横跨IT、医疗医药、房地产、金融、大宗商品贸易等领域,旗下拥有包括方正科技、北大资源、方正控股、中国高科、北大医药、方正证券六家上市公司在内的 400 多家公司，总资产规模一度高达 3 606 亿元。

2021 年 6 月，方正集团及其四家子公司"资产出售式"合并重整方案获表决通过。方正的破产重整一度使以提供一流商学教育享誉全球的北大商学教授蒙羞，也使早年在北大接受系统商科教育的我感到面上无光。然而，据我有限的了解，当时不止一位北大商学教授主张方正与"主营业务"为教育的北京大学彻底脱钩。但当时谁又敢冒国有资产流失的"大不韪"拍板决策，而且当时又有多少人会相信以公有企业身份和名校声誉背书的北大方正居然有一天净资产会为负呢？据破产重整清产核资审计报告，截至审计基准日 2020 年 1 月 31 日，方正集团五家重整主体的资产总额为 622 亿元，而债务总额高达 1 469 亿元，净资产为 -847 亿元。方正破产重整由此也成为近年来最大的破产重整案件之一。

那么，商学院可以从一度为最大校企，如今却陷入破产重整困境的北大方正的治理构架的演变历程中学到些什么呢？

第一，从股权结构来看，无论国资持股比例是大还是小，都难改国资所有者缺位的事实。

2004 年改制前后北京大学校办产业管理委员会和北京大学资产经营公司代表北京大学持有北大方正的股权。这一机构设置特别类似于负责国有资产监督和管理的国资委及其牵头的国有资产监管体系。因而，单纯从股权结构来看，北大方正的准国有资产监管体系是现行的国有资产监管体系的延续：一方面，北大资产经营公司代表北京大学持有北大方正股票，履行控股股东职责；另一方面，北大方正的主要领导由代持股份的北大资产经营公司的上级北京大学校方来任免。与国有资产监管体系略有不同的是，国资委往往是100%持有控股集团公司的股份，而在北大方正的资产管理体系中，北大资产经营公司仅仅持有北大方正集团的部分股票。对于上述在当时看来相对合理的国有资产监管体系，显然不是区区几个北大商学教授的"彻底脱钩"建议可以改变的。

上述构架存在的问题在今天看来是十分突出的。首先是作为国资的控股股东所有者缺位，北大方正的经营者，用弗里德曼的话来说，是在"花别人的钱，办别人的事"；其次是集团层面的管理团队所委派的权力集中在少数人手中，而不在出真金白银、能够为自己的错误决策承担责任、盈利动机明确的股东手中，权力容易被腐败俘获。这事实上是2013年以来我国启动以民资背景的战投进行所有制混合为特征的新一轮国企改革的重要现实背景。

第二，员工持股：神圣光环掩盖下的复杂动机？

作为基本薪酬和奖金的补充，员工持股计划传统上一直被公司治理理论和实践认为是协调股东与员工利益、激励员工的重要手段。然而，即使在英美等国上市公司不存在大股东、股权结构高度分散的情况下，为了避免外部接管威胁或撼动经理人的地位，经理人不仅会诱导员工持有本公司股票，甚至还会直接推动员工持股计划的实施。因而，对于员工持股计划超越单纯的激励员工功能，被用来作为动机复杂的反收购和加强公司控制的工具，我们并不应该感到奇怪。

北大方正的股东中就存在这样一家特殊的公司。北京招润是"由方正集团管理层、主要科研人员和骨干组建的公司"，在教育部的北大方正改制批复文件中，它也被描述为"由管理层和员工组成的内部战略投资者"。尽管当初这家公司是方正集团管理层为跟进祝维沙举牌,暗中收购方正科技在二级市场的股票而设立的,但这家代持主要科研人员和骨干股份的公司很快被内部人强制收购,员工持股平台由此从激励机制的实现方式蜕化为实控人加强公司控制的手段。北京大学校方2019年6月向北京市一中院提交的诉讼材料提及北京招润并非"实现员工激励、体现人才为本的平台",而是用来骗取方正集团35%股权的持股工具,相关责任人涉嫌"在股权受让主体上,弄虚作假,欺上瞒下"。

和北大方正一样经历了改制的海航历史上一度由工会后由基金会控股,但这些虚化主体的背后往往隐藏的是内部人控制。而无论是员工激励平台还是工会,甚至是基金会,都蒙蔽了人们的眼睛。

第三,战略投资者:是制衡还是制动?

引入战略投资者的目的是使这些盈利动机明确的战投成为制衡实际控制人的力量,而不是成为实控人加强公司控制的工具。然而,以社会股东身份成为北大方正战投的成都华鼎和深圳康隆却与实际控制人存在着复杂的社会连接。所谓社会连接指的是基于亲缘(由血缘和姻亲关系结成的亲戚)、地缘(同乡)和业缘(曾经的校友和同事)所形成的与普通人相比更为亲密的关系。理论上,社会连接在公司治理中可以沿着以下两个相反方向发挥作用:其一是用来增强董事长与其所委派的董事或高管之间的互信,形成利益共同体,共同承担风险和面对挑战;其二是成为加强内部人控制的工具,损害外部股东的利益,使社会连接最终蜕化为"任人唯亲"。我们看到,实际控制人通过委派具有同乡、同学、同事等社会连接关系的董事或高管,近亲繁殖,任人唯亲,建立唯其马首是瞻的稳定团伙,而这成为引发北大方正"中国式内部人控制问题"的重要制度根源。

在设计股权结构的过程中,或者由于准国资控股股东的"所有者缺位",或者由于基于员工持股平台的伪装和复杂社会连接渗透下的所谓"战投的引入",北大方正形成了典型的内部人控制格局。在上述内部人控制格局下,我们并不应该太期待董事会在制衡实控人中扮演怎样的角色,而聘请缺乏国际声誉和专业水准的会计师事务所与资产评估公司出具问题审计报告与评估报告必然在预料之中。

改制后的北大方正如今走向破产重整,用它自己的方式宣告了当初改制的失败。我们看到,北大方正今天的破产重整的原因显然并非简单的恶意欺诈导致国有资产流失、借助高杠杆过度进行资本扩张和偏离高科技本业盲目搞多元化等可以概括的。其问题的核心是从改制开始,北大方正就偏离了构建制衡的股权构架、有效防范内部人控制的方向。

享誉一时的北大方正的改制失败给我们带来一些值得深入思考的问题:其一,如果(例如,在一些基础战略性行业)必须存在国资或准国资性质的控股股东,那么依靠怎样的制度设计才能确保这些国资或准国资的代理人像对待自有的资产那样"精心照料"?其二,作为经济激励计划的受益方的核心员工该如何建立和形成受法律和制度保障的机制来维护自己的权利、表达自己的诉求,而不是成为被少数内部人操纵的工具?其三,如何保证在改制过程中引入的战略投资者成为制衡内部人控制的力量,而不是成为实控人加强内部人控制的"帮凶"?

其中的答案也许就在于目前正在积极推进的以所有制混合为特征的国企混改。我们一方面通过引入能够以出资为可能做出的错误决策承担责任，同时盈利动机明确、希望持续推动企业经营机制转化的民资背景的战投解决以往一股独大的国资存在的所有者缺位问题；另一方面，使民资从之前的财务投资者转变为战略投资者，形成制衡的股权构架，建立自动纠错机制，使之成为约束公司内部人的力量。国有资产监管体系由此从"管企业"转向"管资本"，并解决了经理人遴选的市场化产生机制问题。

从北大方正的案例中可以发现国企混改同样需要引以为鉴的是，在引入民资背景的战投进行国企混改的过程中要做到信息公开透明、程序合理公正。

5.3 金融机构：从所有者缺位到治理缺失

我国金融机构在资本市场的制度背景下和长期的治理实践中，逐步形成了不同于其他行业的独特治理构架。概括而言，我国金融机构一方面在内部受到国有控股背景下大股东主导的公司治理制度安排的约束，另一方面在外部则因为金融作为特殊行业受到强势监管。二者的结合共同影响了我国金融机构的基础治理构架。

金融行业由于是基础战略性行业，在国计民生中具有独特地位，国有控股是我国金融机构主导的股权结构的实现形式。规模不等的金融机构的背后都若隐若现地存在一个国资性质的控股股东。金融机构基础的内部治理制度安排就是在这个国资性质的控股股东（及其背后的实控人）的主导下完成的。例如，董事的委派和董事会组织、外部审计机构的聘请,以及董事长和总经理的任免等都是由这个控股股东一手操办的。这是金融机构治理实践的一个基本事实。面对外部分散股东普遍存在的搭便车倾向,至少应在理论上由持股比例较高的大股东来承担更多具有准公共品属性的监督职责,且该大股东应在公司治理实践中扮演积极股东角色。这看上去似乎与主流公司治理理论的预测并不矛盾。

作为具有广泛外部性、服务涉及千家万户的特殊行业,与其他行业相比,受到更加严格苛刻的监管是金融行业或金融机构治理实践中另外一个不争的事实。例如,针对不同类型的金融机构,我们不仅分别设立国家金融监督管理总局(其前身是中国银保监会)与中国证监会等职能监管机构,而且设立国务院金融稳定发展委员会等监管协调机构。这种监管力量配置是绝无仅有的。而由于要面对严重的外部性,金融机构面临更加严格的监管似乎与主流监管理论的预测同样并不矛盾。

治理实践的上述基本事实表明,金融机构既存在来自大股东理论上的内部监督,又存在外部强力监管。然而,一段时期以来,一些金融机构依然不可思议地成为公司治理问题爆发的重灾区,甚至导致了令人匪夷所思的具有金融牌照且受到垄断性政策扶植的包商银行直接宣告破产。那么,这究竟是什么原因导致的呢?

事实上,一些金融机构治理问题的爆发与在我国资本市场制度背景下金融机构治理构架的独特性密不可分。首先,客户运营资金规模远超股东出资规模,导致股东在金融机构公司治理的"权威地位"式微。传统公司治理理论认为,股东在公司治理中的权威地位是由受益顺序排在最后的股东可以为其可能做出的错误决策承担责任决定的。这集中体现在围绕公司战略调整、并购重组和董事会组成等重大事项，股东在股东大会上以集体表决的方式进行最终裁决。股东作为公司治理权威的制度安排很好地体现了法律上权利和义务对称的原则（参见前文提及的哈特的著述）。

然而，在金融机构中，由于客户运营资金规模往往远远超过股东出资规模，客户成为金融机构重要的利益相关方。金融机构的治理实践由此成为强调公司治理不仅应该关注股东利益最大化，而且应该在包括客户在内的各利益相关方之间实践平衡的利益相关者理论的十分重要的政策场景之一。这使得在其他行业的公司治理实践中股东的权威地位在金融机构的治理构架下日渐式微，甚至变得无足轻重。

其次，控股股东国有资本的所有者缺位容易滋生中国式内部人控制问题。从2013年开始，我国启动以所有制混合为典型特征的新一轮国企改革。混合所有制改革试图解决的核心问题之一是国企中普遍存在的所有者缺位问题。由于真正的所有者缺位，不同程度上"花别人的钱，办别人的事"的国企中存在的一个突出问题是容易产生内部人控制这一十分典型的公司治理问题。

之前的讨论已经说明，由于所有者缺位我国国企中的内部人控制与英美等国由于股权高度分散，外部接管威胁很难撼动作为股权激励持续受益人的经理人的地位的内部人控制并不相同。我国国企中不仅存在名义上的控股股东，而且国企高管很少持股，但为数众多的国企中依然出现了以董事长而不是经理人为核心的所谓"中国式内部人控制"问题。由于处于基础战略性行业，金融机构被国有控股股东主导的事实决定了中国式内部人控制问题在金融机构中同样存在，甚至更加典型。我们以曾一度遭受监管处罚和被迫改制的恒丰银行为例。改制前恒丰银行的第一大股东是烟台国资委全资控股的烟台蓝天投资。而时任董事长蔡国华曾经出任烟台市委常委、副市长和国资委党组书记。烟台蓝天投资无法形成对蔡国华的有效制衡和实质监督就不言而喻了。在上述治理构架下，恒丰银行后来发生具有典型内部人控制特征的高管私分公款和损公肥私的员工持股计划等丑闻就并不完全出人意料了。

最后，高的进入壁垒决定的监管强势导致了金融机构内部治理的弱势，金融机构的治理在很大程度上仰"监管"鼻息。金融行业是特殊行业中的特殊行业，金融稳定事关经济系统运行的安全平稳。一段时期以来，我们不断提醒防范系统性金融风险，金融监管的弦绷得不可谓不紧，金融监管的砝码加得不可谓不重。金融行业监管的强势造就了金融机构的治理在很大程度上依赖监管机构的外在监督和检查，仰"监管"鼻息。这使得一些金融机构在不同程度上患上"治理监管依赖症"。换句话说，一些金融机构的公司治理不是依靠股东和董事利用股东大会和董事会等现有的治理构架主动作为，而是在外部监管的监督检查下消极被动作为。

我们看到，金融机构面对的一方面是强势的利益相关方和所有者缺位的国资性质的控股股东，另一方面是强势的金融监管。上述因素共同导致对传统企业相对有效的各种治理机制在我国一些金融机构中"形同虚设"，使金融机构面临不同程度的治理缺失。当一些金融机构与监管腐败联系在一起，存在治理缺失问题的金融机构的治理构架的最后一道大堤就会立即被摧毁。这事实上是包商银行走向破产背后的原因。很多专家学者看到了包商银行中的监管腐败问题,但没有看到包括包商银行在内的一些金融机构由于复杂治理构架导致的"治理缺失问题"。

那么,如何从根本上解决一些金融机构中存在的"所有者缺位问题"进而"治理缺失问题"呢?概括而言,我们主张,金融机构需要从监管依赖走向合规治理。

第一,在金融机构中,引入背景多元的战略投资者,使虚化的所有者实化,重塑股东在公司治理中的权威性。

在正在积极推进的国企混合所有制改革中,引入民资背景的战投实现所有制的混合成为关键举措。它的合理性在于通过"混",为推动国企改革建立一种长效的激励机制。盈利动机明确、出资参股的民资背景的战投将有动机推动国企经营机制转化和公司治理完善,以实现自身的盈利目标,避免为可能做出的错误决策承担责任。由于金融行业是基础战略性行业,在分类推进的国企混改中并非重点和关键的领域,从解决金融机构同样面临的所有者缺位问题出发,我主张,金融机构同样需要开展一场特殊的混改:引入多于一家同时持股比例较大的民资背景的战投,形成一个制衡的股权构架。

预期通过混改引入多于一家的民资背景的战投将为金融机构带来以下几个方面的变化。其一,在经营层面,一方面,股东的盈利目标这一外在压力将促使金融机构通过积极改进经营机制、增加盈利,回报股东投资;另一方面,原来"虚化的所有者"实化后股东将有责任和能力以自己出资参股的"真金白银"为自己可能做出的错误决策承担后果,这反过来将促进相关经营管理决策的科学合理制定。其二,在治理层面,盈利动机明确,同时需要为错误决策承担责任的多家战投有动机在公司治理中扮演十分重要的积极股东角色，认真履行对管理团队的监督职责。

金融机构混改的客观效果是，将使股东在公司治理中的权威性重新得到彰显，使金融机构逐步摆脱目前很多金融机构存在的治理监管依赖症。这是重建金融机构治理构架的第一步。

第二，围绕一些金融机构突出的"中国式内部人控制问题"，金融机构需要在重塑股东权威的基础上，通过形成制衡的股权结构、独立的董事会，走向合规治理。

随着多家战投的引入，混改在金融机构股东层面带来的直接变化将是，战投将与以往在金融机构公司治理制度建设中占据主导地位和发挥关键作用的控股股东形成制衡。引入的战投不仅可以委派能代表和反映自己诉求的董事，由于金融行业作为基础战略性行业需要维持国资的控股地位，为了能够在混改中保护自己的权益、实现激励相容，甚至可以超过持股比例超额委派董事。被誉为"央企混改第一股"的中国联通在混改中事实上创造了"在股权结构上（由于联通所处的基础战略性行业的性质）国资占优，但在董事会组织中战投占优"的所谓"中国联通混改模式"。而制衡的股权结构将成为金融机构的自动纠错机制，帮助金融机构及时纠正经营策略制定过程中存在的问题，使其避免在错误的道路上越走越远。

除了出于制衡目的的股东委派的董事，走向合规治理的金融机构未来将聘请更多注重声誉、来自外部且具备兼职性质的独立董事。通过建设独董声誉市场和完善遴选机制，挑战管理团队决策成本较低的独董将逐步摆脱以往的花瓶形象，在日渐增加的股权纷争中扮演更加积极的居中调停等角色。

被出于制衡目的的股东主导的独立董事会从保障股东权益的角

度出发，选聘具备良好能力、声誉和资质的专业会计机构，并使它们真正向董事会和股东负责。对于那些无法尽到独立审计义务，不客观公正出具审计报告的会计师事务所，要及时清退和更换。

在金融机构从监管依赖走向合规治理的重建治理构架的过程中，以下问题需要予以注意。

第一，金融机构从监管依赖走向合规治理，不是说监管从此不再需要加强，而是说监管政策的重心需要做出重要调整。长期以来，违规处罚成本不高一直是我国一些金融机构违法违规行为屡禁不止的重要原因之一。因高管私分公款和员工持股计划丑闻而声名狼藉的问题银行仅仅以被处以 700 万元人民币的监管处罚和对董事长的诉讼而草草了事。加大处罚力度，对违法违规行为形成威慑，无疑是监管政策未来依然需要加强的方面。

从上述重塑金融机构治理构架的目的出发，相关监管政策的重心应该做出以下重要调整：其一是从事前的监管审核，更多转向事后的监管从严处罚。其二是监管政策需与强化合规治理联系起来，借助金融机构的治理构架更好地实现监管意图。例如，监管当局可以用要求金融机构董事会开展自查和信息披露的方式来代替由自己主导的耗时耗力的检查。其三是监管政策的制定应围绕如何加强金融机构的合规治理展开。例如，适当提高金融机构董事会中独立董事的比例；对于金融机构所聘请的独立审计机构的会计能力和国际声誉等资质要求要做出更加严格的限制；等等。

第二，金融机构从监管依赖走向合规治理，不是说不再需要对客户等利益相关者的利益进行保护，而是说需要借助不同的机制对利益相关者的利益提供更加专业的保护。利益相关者理论在公司治理实践中的误导之处在于，忽视了只有受益顺序排在最后的股东才能够为自己可能做出的错误决策承担责任的事实，对其中一方利益相关者负责（例如提高储户的存款利率）成为损害另一方利益相关者利益（例如提高工商企业的贷款利率）的借口，强调金融机构对所有利益相关者负责恰恰意味着不需要对任何人负责，增加了内部人控制问题出现的可能性，反而不利于对利益相关者的利益的真正保护。对于利益相关者的利益，金融机构需要通过不同的途径予以保护。例如，对运营资金规模超过股东的客户的权益的保护是通过准备金和存款保险等制度以及违法后的高额民事赔偿，甚至集体诉讼制度来实现的。对客户权益的保护不是停留在一些金融机构的口号上，简单地鼓吹所谓的利益相关者利益至上，甚至形式主义地让客户以某种方式参与治理就可以实现的。

第三，金融机构从监管依赖走向合规治理，不是说公司治理制度从此可以包揽一切，而是说通过外部监管和内部治理各司其职和专业化分工，来共同提升金融机构的治理效率，实现良好的绩效表现。监管和治理有各自擅长的领域和作用的边界，二者合理分工可以很好地起到扬长避短、协同合作的作用。监管更加适合金融行业普遍存在的行为倾向，监管效果令行禁止、立竿见影，但其缺陷是一刀切、缺乏针对性，往往带来很高的社会实施成本；而治理则更加契合不同金融机构的实际，对症下药，但见效慢，特别是当金融机构缺乏自我革新的勇气时容易养虎遗患，酿成大的治理危机。因而二者的有机结合和专业化分工是金融机构最终走向良治的关键。

中篇　国有资本投资管理体系：N家淡马锡模式

第 6 章
混改后国有资本投资管理体系面临的挑战

6.1 格力控股权转让与国有控股上市公司治理范式的转变

2019年4月8日,格力电器发布公告称,公司控股股东格力集团将协议转让其持有的格力电器15%的股份。随着格力电器在2019年10月28日晚公告珠海明骏最终成为格力电器15%股权的受让方,一段时期以来引人瞩目的格力电器控股权转让大剧才徐徐落下帷幕。

我们注意到,对于高瓴资本入主格力电器,各路媒体存在很多不同的解读。一些媒体从开始便把这次格力集团控股权的转让与国企混改联系在一起。一些媒体的报道中甚至出现了"格力电器的此次混改也标志着我国国企混改步入3.0阶段"的说法。按照这些媒体的描述,始于2013年的国企混改已经经历了混改仅在央企子公司层面操作,国有独资企业引入非公、民企、外资,但国资占比仍在50%以上，国资仍保有绝对控股地位的"1.0阶段"，和混改对象提升到上市公司层面，国有股权降到50%以下，国有股东在董事会中的席位也降至半数以下，但国资仍然是第一大股东和实际控制人的"2.0阶段"。而此次国有大股东格力集团所持18.22%的股权在转让15%后，格力电器的大股东和实际控制人发生改变被认为是国企混改"3.0阶段"的到来。

事实上，与那些正在通过引入民资背景的战投进行混改的央企子公司或集团公司层面的国企相比，于1996年在深交所上市成为公众公司的格力电器已经更加彻底、全面地完成了以"不同所有制混合"为特征的所谓"混改"。另外，对于国资背景的控股集团公司在二级市场减持部分或全部转让所控股的上市公司的股份，格力集团同样不是第一家，也不是最后一家。例如，作为南玻A的国有控股股东的北方工业曾对南玻A大幅减持，直至全身而退。中国资本市场30多年的发展既见证了很多上市公司的控股权由民资转为国资（所谓的"国进民退"），也目睹了很多上市公司的控股权从国资转为民资（所谓的"国退民进"）。

与一些国有企业希望通过整体上市实现所有制的混合以完成混改不同，我们看到，作为公众公司的格力电器已经建立了相对规范的公司治理结构，股东大会和董事会在《公司法》和公司章程的框架下规范运作。因此，我们并不能把这次格力电器作为上市公司十分正常的股权结构调整和控制权变更简单地与国企目前积极推进的混合所有制改革联系在一起。

但这次格力电器控股权转让无疑还是会对格力电器的公司治理产生积极的影响，从而我们可以从中预测包括格力电器在内的原有国有控股上市公司的治理结构的变化趋势。概括而言，随着控股权的转让完成，包括格力电器在内的原有国有控股上市公司的治理结构将发生以下两个方面的变化。

第一，国有上市公司的董事会制度建设从之前的国有控股股东的"大包大揽"到分散股权构架下各方的协商和制衡。

控股股东的国有性质使原来作为国有控股上市公司的格力电器的关键岗位（董事长、CEO和党委书记）需要由控股集团公司或上一级组织部门来提名（任命），尽管从2006年起，控股股东格力集团不断降低对格力电器的持股比例，从最初的50.28%的绝对控股降至此次控股权转让前的18.22%。我们知道，在通常的分散股权结构中，类似于格力集团所持的18.22%的股份在格力电器的董事会组织中并不会发挥特别的作用。但由于控股股东国有性质的政治加持，只有18.22%股份的格力集团在格力电器的董事会组织中却能发挥举足轻重的作用，甚至可以"大包大揽"。而这一"传统"事实上是在格力集团持股50%以上从而绝对控股时形成的，虽然路径依赖和历史惯性延续至今，但格力集团所持的股份通过股权分置改革后的历次减持已从最初的50.28%的绝对控股降至此次控股权转让前的18.22%。

而高瓴资本入主格力电器意味着上述路径依赖和历史惯性将被打破。未来格力电器的董事会组织问题将在各主要股东的协商中解决。毕竟跃居格力电器第一大股东的珠海明骏目前仅持有格力电器15%的股份，与持有格力电器股份比例为8.91%的由格力电器主要经销商作为股东的河北京海担保投资有限公司相差不多，而董明珠个人也持股0.74%。

另外，同样值得观察的是，在转让15%的股份后持有格力电器3.22%股份的格力集团在未来格力电器的董事会组织和运行中将扮演怎样的角色。这同样是正在推进的国企混改能否真正实现从"管企业"到"管资本"这一根本转变的试金石。相比于通过引入民资背景的战投完成混改的其他国企，格力集团完成国企混改从"管企业"到"管资本"转变的制度转换成本无疑是最低的。理论上，从国资背景的控股股东转变为参股股东的格力集团将以股东身份在《公司法》和公司章程的框架下参与股东大会、董事会组织，维护自己作为股东的权益。在上述意义上，我们看到，一些媒体把此次格力集团转让控股权理解为从"管企业"到"管资本"的转变，进而与国企混改联系在一起，也不无合理性。

第二，国有控股集团公司历史使命的终结和新使命的角色冲突。在国有资产监管体系的形成过程中，为了避免作为监管者的国资委直接作为出资人持股上市公司，从2003年开始，我国陆续形成了作为国资委持股平台的各种类型的产业集团。格力集团之于格力电器、联通集团之于中国联通是地方和中央国有上市公司控制的典型模式。珠海国资委通过全资控股的格力集团间接控股A股上市公司格力电器，使格力电器成为地方"国有控股上市公司"；而国务院国资委通过全资控股的联通集团间接控股A股上市公司中国联通，使中国联通成为中央"国有控股上市公司"。

而持股仅18.22%的格力集团之所以可以在格力电器的董事会组织中大包大揽，其政治合理性来自其代行国资委出资人的角色。在高瓴资本入主格力电器后，股权结构的变化意味着格力电器原有的政治合理性被弱化。因而，格力此次控股权转让标志着原来产业集团（控股集团公司）代行国资委出资人的职能开始向国有资本投资和运营公司的投资职能转化。我们有理由猜测，未来的中国资本市场上，围绕原来国有控股上市公司将活跃以下几种类型的国有资本投资、运营公司：其一是国资委为了推动混改新成立的各类国有资本投资、运营公司；其二是原来产业集团类似于格力集团在控股权转让完成后，转变为新的国有资本投资、运营公司。

需要提醒读者注意的是：其一，在功能上新转为准国有资本投资、运营公司的产业集团往往控股或参股其他经营实体，因此，其并非单纯的资本投资和运营平台；其二，尽管最终归属于国资委（央企的归属结构更加复杂一些），但从产业集团被动蜕化为国有资本投资、运营公司，其和单纯作为资本投资、运营平台的资本投资、运营公司存在着现实利益的不完全一致，如何协调这两种不同来源和构成的资本投资、运营公司将是国资在未来真正实现从"管企业"到"管资本"转化和切实推进国企混改的关键所在。

6.2 引入国有资本投资、运营公司自然就会形成"政府与企业间隔离层"？

2018年12月21日结束的中央经济工作会议提出"坚持政企分开、政资分开和公平竞争原则""加快实现从管企业向管资本转变""改组成立一批国有资本投资公司，组建一批国有资本运营公司，积极推进混合所有制改革"。改组和新设国有资本投资、运营公司以实现从以往"管人管事管企业"向"管资本"转化的国有资产监管体系改革成为今后各年国企改革推进的重点工作之一。

理论上，通过设立国有资本投资、运营公司将国资委与实体企业"隔离"，二者将"不再有直接产权关系，（国资委）也无权穿越投资运营机构干预其投资的公司，政企分开顺理成章"（陈清泰语）。由此，以往国有资产监管体系"管人管事管企业"、政企不分、政资不分的状况将得到一定程度的抑制。因而，改组或新设国有资本投资、运营公司作为"政府和市场之间的界面"或"政府与企业间隔离层"成为新一轮国企混改中无论是中央还是地方国有资产监管体系改革的普遍做法。

2018年底，国务院国资委进一步确定了航空工业集团、国家电投等11家央企作为国有资本投资公司新的试点企业。截至2020年，在96家央企中，已有三批近20家央企试点改组成立国有资本投资公司。除了改组成立国有资本投资公司，2014年国务院国资委还组建诚通、国新2家公司试点国有资本运营公司。

那么，如何才能使国有资本投资、运营公司真正成为"政府与企业间隔离层"呢？我们认为，从目前的相关政策解读和有限的试点实践来看，至少以下几个方面的问题值得理论界、实务界和政策界关注和思考。

首先，如何实现在经营实体层面混改且引入战投后投资者对权利平等的诉求与把控股集团公司改组为国有资本投资公司后对控制权的谋求二者之间的平衡？

在引入战投完成经营实体层面的混改后，原来国有控股的经营实体将在一定程度上转变为资本社会化下的公众公司。而民资之所以愿意参与混改成为战投，是由于国企在混改时向民资做出民资享有所有者权益的承诺，使其一定程度上变得激励相容。而这一承诺可置信的制度基础或者是像天津北方信托模式一样由民资直接取得实际控股地位，或者是像中国联通模式一样"在股权结构上国资占优，但在董事会组织中战投占优"。

在完成混改后，经营实体层面的基本公司治理构架是国有资本属性的国有资本运营公司与混改引入的民资属性的主要战投之间在股权制衡下的平等协商。此时国有资本投资、运营公司作为股东，平等地与其他战投以及其他外部分散股东一道参与相关的公司治理。例如，对于基础战略性行业，按照与其他股东的约定，国有资本投资、运营公司享有董事（长）的提名权，但最终被提名者是否获得任命，国有资本投资、运营公司需要与其他战投以及其他分散股东在股东大会上按照"一股一票"来表决通过。我注意到，一些媒体在围绕新一轮国资改革的政策预测中，强调国有资产监管机构将行使的投资计划制订、部分产权管理和重大事项决策等出资人权利"授权"给国有资本投资、运营公司和其他直接监管的企业行使。通过上面的例子，我们看到，这里显然不是通过简单"授权"，由改组后的国有资本投资、运营公司代行原来国资委的职责、享有董事长的直接任命权的问题。因此，在我看来，为了真正实现国资增值保值的混改目标，新一轮国资改革仅仅停留在"授权体系的完善"的认识上是不够的，而应该回归到对其他战投和分散股东作为出资人基本权利的认同与尊重上，因为这本来就是投资者以出资额为限承担有限责任后应该享有的基本权利。我们需要的是国资从原来高高在上的发号施令者回归到一个同股同权的平等协商者。

事实上，从20世纪90年代中期开始，为了推进政企分开、建立现代企业制度，我国陆续撤掉条块分割、政企不分、计划经济色彩浓郁的专业部委，组建市场化的集团公司。例如，1993年国家撤销航空航天工业部，分别设立中国航空工业总公司和中国航天工业总公司。2003年国务院国资委成立后，其作为国务院的代理机构全资控股这些国有独资集团公司。例如，2008年11月6日原中国航空工业第一、第二集团公司重组整合成立中国航空工业集团，成为由国务院国资委全资控股的国有特大型企业集团。中国航空工业集团陆续控股或持股中航资本、中航地产、飞亚达A、深天马A、天虹商场等20多家上市公司，成为今天我国资本市场上颇具声势的"中航系"。我们看到，从专业部委到市场化的集团公司，再到国务院国资委代表国务院履行出资人义务，国企改革经历了从政府行政体系的延续向基于资本纽带的市场主体的转变。

然而，时至今日我们依然需要推进混合所有制改革，根本原因是以往虽然建立了资本连接的链条，但实践中"管人管事管企业"依然延续的是之前行政色彩浓郁的计划经济思维，没有做到政企分开和政资分开，使经营权与所有权有效分离，职业经理人无法根据瞬息万变的市场灵活、及时地调整经营管理决策。

一些媒体预测，把目前的控股集团公司改组为国有资本投资公司后，一是可以通过证券交易、产权交易等资本市场活动，以市场公允价格处置企业资产，实现国有资本形态的转换；二是可以以高新技术、生态环保、战略性产业为重点领域，对发展潜力大、成长性强的非国有企业进行股权投资；三是在国际市场，有利于发挥国际合作优势和品牌优势，积极灵活地开展国际资本市场运作，在全球范围内形成产融结合新优势。我们看到，这些功能虽然在目前的控股集团公司层面同样可以完成，但是控股集团公司似乎并不需要通过国企混改的由头而换上"国有资本投资公司"的牌子。

按照一些媒体的报道，某控股集团公司正在努力"搭建三级管控架构，推动集团总部由职能运营型向战略管控型转变"。具体的措施包括，总部对成员单位采用战略运营型管控方式，业务单元（成员单位）成为区域化业务板块的运营管控主体；集团总部与二级单位之间探索建立产业主体分类授权的战略管控体系，在二级单位与三级单位之间探索建立以运营管控为主的次级管控体系，努力形成"集团总部资本层—专业平台资产层—生产单位执行层"的三级架构。我们注意到，上述控股集团公司所开展的仅仅是围绕企业集团内部的组织重构以提高运行管理效率为目的的综合性改革。这一内部管理问题在企业集团发展的任何阶段都需要解决，而且过去一直在做。例如生产铁路机车的两个国企"南车"和"北车"时而为了避免垄断一分为二，时而为了提高国际竞争力合并为"中车"。但这似乎并非本轮引入民资背景的战投实现国企混改的核心和实质所在，当然也不是本轮国企混改最期许的。

从本轮国企混改的目的出发，我们需要的是回归到对出资人基本权利的认同与尊重，将属于投资者的权利归还给投资者，让无论是参与混改的民资背景的战投，还是代表国资履行出资人义务的国有资本投资公司，更像一个投资者去履行自己"管资本"的义务，承担自己应该承担的责任，而不是部分股东越俎代庖，忽视其他股东的存在,"管人管事管企业"。在上述意义上,我们看到,如果仅仅把原来的控股集团公司简单包装和改组为国有资本投资公司,显然不是市场对以实现从"管人管事管企业"向"管资本"转化为目的的新一轮国企混改的实质期待。

我们同时注意到,围绕国有资产监管体系改革,一些媒体的报道中甚至出现了"在未来的国资投资公司试点改革过程中,还将支持投资、运营公司设立财务公司"的说法,比如"规范财务公司运作,鼓励其利用内部资金开展资本运作,提升资本运营能力,防范各类风险。允许投资公司依据自身条件,结合主业特点和行业监管要求,合理申请金融牌照,更好地服务实体经济。但是也要强调,不能脱离主业搞金融,更不能搞资金空转套利"。我们知道,财务公司作为内部资本市场,一定程度上成为"不发达早期资本市场的替代",在一些企业集团已经存在几十年了。近年来内部资本市场由于限制了资本在全社会更广阔的范围内流通和相对低下的资源配置效率而受到广泛批评,如果把成立财务公司也认为是新一轮国资改革的重要举措不免令人啼笑皆非。更何况一旦成立财务公司,不是我们一厢情愿地说一说"不能脱离主业搞金融,更不能搞资金空转套利"就可以加以控制的。

其次,在新一轮国资改革中,被认为扮演关键角色的"需要重组的国有资本投资公司"和"新设的国有资本运营公司"二者之间究竟是什么关系?

相信前面的讨论已使读者对正在由原来的控股集团公司重组为国有资本投资公司的目前基本状态和未来可能构架形成了模糊

的认识。我们知道,除了试点改组一批国有资本投资公司,2014年国务院国资委组建诚通、国新2家公司试点国有资本运营公司。那么,这些国有资本运营公司又将在国有资产监管体系改革中扮演怎样的角色呢?

按照相关媒体的报道,诚通、国新"在基金的成功发起和实际运作上,把中央企业、地方企业、金融企业和社会资本等各方资金集聚起来,为央企结构调整和转型升级提供了融资新渠道和投资新机制,在助力供给侧结构性改革、引领'一带一路'发展、推动国企改革、帮助困难企业脱困等领域均发挥了积极作用"。

这两类公司都被媒体描述为"是国家授权经营国有资本的公司制企业,是国有资本市场化运作的专业平台,对所出资企业行使股东职责,按照责权对应原则切实承担起国有资产保值增值责任;两类公司的试点企业同时面临着理顺与国资委、出资企业关系的重要挑战"。如果说二者的共同点在媒体的表述中还算清晰,那么,对二者差异的表述则显得语焉不详、模棱两可。按照相关媒体的表述,在具体使命和职能上,"国有资本投资公司是以投资融资和项目建设为主,通过投资实业拥有股权;国有资本运营公司则以资本运营为主,不投资实业,主要战场是资本市场"。在运营模式上,"国有资本投资公司主要以服务国家战略、优化国有资本布局、提升产业竞争力为目标,在关系国家安全、国民经济命脉的重要行业和关键领域,以对战略性核心业务控股为主;国有资本运营公司主要以提升国有资本运营效率、提高国有资本回报为目标,以财务性持股为主"。

这是否意味着未来每一家完成混改的公司除了引入的民资背景的战投，还会同时出现两家国有资本投资、运营公司作为股东呢？其中一家是由原来控股集团公司改组而成的国有资本投资公司，另一家是诚通、国新或其他新成立的国有资本运营公司。至少从目前已经完成混改的中国联通来看，确实如此。除了在引入 BATJ 后仍然持股约 36.67% 的控股集团公司联通集团外，中国联通的股东名单中还出现了国有资本运营公司诚通旗下的国调基金。

我们的问题是，国有资本运营公司所设定的"提升国有资本运营效率、提高国有资本回报"的目标为什么不可以由国有资本投资公司来实现呢？反过来，国有资本投资公司所设定的"服务国家战略、优化国有资本布局、提升产业竞争力"的目标为什么又不可以由国有资本运营公司来实现呢？如果国有资本运营公司作为财务投资者其存在的价值在于增强国资控制的战略同盟军的实力，而事实上资本市场上还存在险资等其他国资，那为什么必须要由同样来自国资的国有资本运营公司来完成这一使命呢？例如，在中国联通混改案例中，同样来自国资的持股 10% 的中国人寿成为引入的最大战投。而作为财务投资者的国有资本运营公司如果不通过参与董事会组织等公司治理制度又将如何实现"提升国有资本运营效率、提高国有资本回报"的目标？如果国有资本运营公司参与公司治理，那么我们将看到，围绕董事会组织等，同样来自国资的国有资本投资公司和国有资本运营公司将付出双倍的公司治理制度建设成本。至少从形式上看，目前二者的明显区别仅仅在于，国有资本投资公司是从早先专业部委转型而来的原控股集团公司，是进一步改组为国有资本投资公司后形成的战略投资者,而国有资本运营公司则是由国有资产监管体系改革的实际实施者国资委新设的财务投资者。

当然,目前仍然处于试点阶段一定程度上表明对于二者的关系无论是政策界还是理论界并没有形成相对成熟的判断和结论。我们也注意到,相关媒体的解读提及"尽快探索、界定国有资产监管机构与国有资本投资、运营公司之间的权责边界,国有资本投资、运营公司与所持股企业的权责边界"。我们理解,尽管国有资本运营公司和国有资本投资公司二者的关系有待进一步明确,但二者共同作为政府与企业间"隔离层",在国有资产监管体系中的整体定位应该是清晰的。那就是,在整个国有资产监管体系中形成三层授权框架:国资委统一履行经营性国有资产监管职能,国有资本投资、运营公司履行出资人职责,企业则是经营者。

最后,中国的国资国企改革模式在向谁学习?我们究竟应该学习什么?

2020年,在航空工业集团、国家电投、国机集团、中铝集团等11家央企被纳入国有资本投资公司试点后,96家央企中有近20家试点改组成立国有资本投资公司。尽管我们注意到一些国企官员多次否认中国的国资国企改革在向新加坡淡马锡模式学习,但以国有资本投资、运营公司作为政府与企业间"隔离层"的新一轮国资国企改革的试点扩大还是给很多国企改革观察者留下了淡马锡模式在中国国资国企改革中呼之欲出的印象。正如我们在前面分析中所指出的,找出所谓中国模式和淡马锡模式之间的差别其实并不困难。例如,作为政府与企业间"隔离层",我们同时在国资委(新加坡财政部）和经营实体之间改组或新设国有资本投资公司和国有资本运营公司两类公司，而不是淡马锡模式的一类公司（如果我们可以把这些也称为差别）；从目前看，我国国有资本投资公司从以往脱胎于专业部委的控股集团公司改组而来，主业往往相对清晰，而淡马锡模式则强调混业和多元化，乃至于一个淡马锡公司管理的子公司的市值之和一度超过整个新加坡市值的一半。

容易理解，很多观察者之所以产生上述看法，仍然在于我国目前国有资产监管体系改革在政府与企业间引入"隔离层"的做法和淡马锡模式严格坚守"政企分开，政资分开"，使经营实体的经营权与所有权有效分离在精神上是高度一致的。事实上，所有权与经营权分离所带来的资本社会化与经理人职业化之间的专业化分工和在此基础上实现的效率改善才是所有企业治理结构成功的关键。因此，在这一意义上，既不存在所谓的淡马锡模式，当然更不存在中国模式，只存在专业化分工模式。

但毫无疑问，淡马锡模式依然有很多值得中国国资国企改革学习的地方。例如，围绕如何避免全资控股股东新加坡财政部的行政干预，淡马锡董事会进行了哪些卓有成效的制度安排？而淡马锡在所持股或控股的经营实体中又是通过怎样的公司治理制度安排（股东会和董事会）来确保经营决策体现了主要股东的意志，并且决策风险在所有股东中分担？

我在此再次强调，这显然不是通过管理层级之间的简单授权就可以实现的，而是需要在通过混改引入的战投之间形成相互制衡的公司治理制度安排和营造平等沟通与协商的文化氛围，以期实现双方长期的合作共赢。

一个不容回避的事实是,如果像一些媒体解读的那样,只是把经营权"授权"给经营实体,而依然把公司治理中最重要的董事长任免权保留在持股比例或高或低的国有资本投资公司中(我们知道,在正常的公司治理实践中,那只是董事的提名权),那么对于该董事长因贪腐无能、刚愎自用而做出的错误决策,谁应该承担相应后果呢?是由具有上述任免权和做出上述任免决策的国有资本投资公司承担吗?而如果战投预期自己一方面无法对董事长任免提出异议,甚至否决,而另一方面却不得不以出资额为限为该董事长做出的错误决策埋单,那战投还愿意毫无保留地参与目前正在积极推进的国企混改吗?

6.3 授权放权清单: 国企改革开启"权力回归"之路

2019年6月初,作为推进国企混改的重要举措,国务院国资委印发了《国务院国资委授权放权清单(2019版)》(以下简称《清单》)。《清单》将央企审批混改方案、股权激励方案纳入授权放权清单范围,支持央企所属企业按照市场化机制选聘职业经理人,其薪酬由相应子企业的董事会来确定。

虽然在形式上这只是国务院国资委向其直属央企的授权放权,但其实质是把原本属于股东及其委托的董事会的部分或全部权力重新"归还"给股东及其董事会。因此,我倾向于把《清单》的印发理解为国企改革"权力回归"之路的开启。它对于推动新一轮国企混改的深入无疑具有积极深远的意义。那么，我们为什么说《清单》的印发在一定程度上开启了国企改革的"权力回归"之路呢？

首先，授权放权背后的股东"权力回归"凸显了现代企业制度中权力责任匹配的原则。我们知道，一个投资者之所以愿意把自己节衣缩食省下的资金投资到经理人并非自己熟悉的"隔壁老王"的一家陌生公司，是由于这家公司向该投资者做出了投资者成为股东将享有所有者权益的庄重承诺。按照2016年诺贝尔经济学奖得主哈佛大学哈特教授的观点，作为所有者，股东一方面有权对资产重组、战略调整等重大事项以股东大会集体表决的方式进行最后裁决，但另一方面需要以出资额为限为其可能做出的错误决策承担有限责任。前者被称为剩余控制权，后者则被称为剩余索取权。我们看到，股东之所以可以对重大事项拥有最后裁决权，显然是由于其出资可以为自己参与公司治理并可能做出的错误决策承担相应的责任。权力和责任匹配由此成为现代企业制度中产权安排需要遵循的基本原则，而股东成为现代股份公司中公司治理的权威则是对这一原则的贯彻和这一原则的体现。而《清单》的印发意味着，目前已经把原来由作为国资监管当局的国务院国资委拥有的对混改方案和经理人股权激励方案等的批准权交给了具有一定责任承担能力的作为上市公司控股股东的集团公司（国务院国资委直属央企）。未来，并不排除进一步授权，使其回归到作为公司治理权威的股东的可能性。

其次，国务院国资委授权放权给央企很好地体现了现代企业制度的信息对称原则。印发的《清单》支持央企所属企业按照市场化机制选聘职业经理人,强调其薪酬由相应子企业的董事会确定。容易理解,对于所处行业中市场结构不同、企业规模悬殊、业绩表现各异的不同企业,如果把经理人薪酬的制定统一交由监管当局来完成,唯一的结果只能是"一刀切"的限薪。而多年前对国企高管"一刀切"的限薪的结果是不仅导致了部分国企人才的流失,而且成为一些国企出现懒政惰政和庸政现象的制度根源。要制定一个对经理人激励有效且充分的薪酬方案,显然应把制定的权力交给信息更加对称的董事会,由其根据经理人的绩效表现和所处产业的薪酬市场化状况科学制定。而忽视了对"当地信息"的合理利用,必然会导致"致命的自负"(哈耶克语)。

最后,国务院国资委授权放权给央企一定程度上体现了现代企业制度的专业化分工原则,有利于国有资产监管体系从"管人管事管企业"向"管资本"转化。我们知道,以所有权与经营权分离为特征的现代股份公司,由于实现了股东在社会范围的风险分担和职业经理人做专业决策之间的专业化分工,极大地提升了管理效率,成为人类财富在过去几个世纪以来快速增长的重要原因之一(巴特勒语)。我们看到,虽然所有权与经营权分离会带来股东与经理人之间的代理冲突,但在所有权与经营权二者关系的问题上,一个正确的态度显然是,如何实现资本社会化与经理人职业化之间的专业化分工所带来的效率改善和降低代理成本之间的平衡,使所有权与经营权做到有效分离,而不是一味地加强控制,甚至为了控制而控制。因而《清单》的印发一方面将为国务院国资委直属央企作为子公司的大股东与其他股东一道通过股东大会等治理机制履行投资者

"管资本"的职能创造条件，另一方面则使得国务院国资委从大量烦琐的行政审批中解脱出来，专注于对国资的监管和对产业布局的引导，实现国有资产的保值增值。因而，授权放权有利于国务院国资委和央企之间，进而央企和下属子公司之间的专业化分工，有助于国有资产监管体系从"管人管事管企业"向"管资本"转变的目标实现。

我们注意到，授权放权在国企改革过去40多年的历程中并非第一次出现。最初的国企承包制就是在"放权让利"的指导思想下层层推进的。根据以往的经验，放权往往会陷入"一放就乱，一管就死"的怪圈，最终在一片混乱和狼藉中不得不重新回到"收权"的状态。我们理解，这事实上也是部分国企改革政策的实际决策者在相关政策推进中的顾虑所在。

那么，在新一轮授权放权中如何才能真正跳出上述怪圈呢？我们看到，目前正在积极推进的通过引入民资背景的战投开展的混改为跳出上述怪圈带来了可能。首先，混改引入的民资背景的战投可能是错误决策的风险分担者。在引入战投后，风险在包括战投在内的股东之间进行了分担，避免了以往决策错误不得不最终由来自纳税人的财政补贴埋单，使得原本软化的预算约束逐步硬化起来。而"国家父爱主义"下的国企面临的政府隐性担保和预算软约束长期以来受到理论界的广泛批评。其次，战投形成的权力制衡成为错误决策的重要纠错机制。盈利动机明确的战投及其委派的董事代表会阻止主要股东做出使其自身利益可能受到损害的商业决策。而上述举措，反过来可能保护了同样需要保护的国资。

完成混改的中国联通为我们理解在新一轮授权放权中如何通过引入战投进行混改来跳出上述怪圈提供了一个可能的逻辑例证。不同于《清单》授权联通集团审批控股公司中国联通的股权激励方案，我们知道作为"央企混改第一股"的中国联通的混改，其实际股权激励方案是在国务院国资委指导下作为联通混改的最后一块拼图经过慎重讨论和认真评估推出的。自然地，《清单》的印发引发的一个担心是，如果把股权激励方案的审批权授权给联通集团，是否会使不当的股权激励方案出台，甚至会导致出现经理人的超额薪酬现象，从而损害包括联通集团在内的股东的利益？原本为了增加国企活力的授权放权由此再次陷入"一放就乱，一管就死"的怪圈。

让我们设想，如果上述决策是由混改完成后的联通集团和所引入的战投 BATJ 共同完成的，那么，结果可能会怎样呢？我们将看到，盈利动机明确的 BATJ 首先会支持而不是反对联通集团推出激励管理层和主要雇员的股权激励计划。因为它们理解，虽然看上去向管理层和主要雇员付出了高昂的薪酬费用，但激励充分的管理层和雇员将为企业创造更大的价值和为投资者带来更多的回报，而这些将远远超过所付出的薪酬费用。其次，BATJ 及其委派的董事会阻止联通集团可能提出的不合理的股权激励方案。这样做不是因为这一方案将损害联通集团从而损害国资的利益，而是因为它将损害它们自身的利益。而且我坚信，虽然 BATJ 之间存在复杂的竞争关系和"瑜亮情结"，但在阻止联通集团可能推出导致出现经理人超额薪酬现象的股权激励方案的问题上，它们会坚定地站在一起。

因此，对于如何避免使授权放权重新陷入以往"一放就乱，一管就死"的怪圈的问题，基于前面的分析，我想一个可能的思路也许是把放权与混改结合起来：一方面通过《清单》的印发赋予作为管资本的实际责任人的央企原本属于股东的权力，以更好地体现现代企业制度"权力责任匹配"、"信息对称"和"专业化分工"等基本原则；另一方面则通过引入民资背景的战投参与混改，对作为主要股东的央企形成权力制衡和纠错力量，由此避免使授权放权再次陷入以往"一放就乱，一管就死"的怪圈。

我们看到，对于目前实务界和理论界存在争议的国企"混"和"改"的关系，《清单》的印发为我们从新的视角理解二者的关系提供了契机，那就是，只有"混"，才能放心地"放"，也只有"混"，才能最终实现国企真正的"改"。

第 7 章
关于国有资本投资管理实践的认识误区

7.1 以国资监管代替国资投资管理

监管（regulation）主要涉及市场进入、反垄断等主题，其背后是行政权力。而国资的根本问题是国有资本作为投资方其"保值增值"的投资管理问题（investment management）。

所以，我们主张应该把"国资监管"的概念还原为"国资投资管理"的概念，主要是出于以下两方面考量。

第一，一家企业对外正常的经济交往离不开其对基本商业规范的遵守。

在我看来，西方社会几百年的经济发展，一方面得益于在宏观上依赖"看不见的手"即价格机制调节供需，引导资源配置，从而实现效率提高；另一方面则得益于在微观上依赖权力和责任相匹配的现代企业制度来组织生产和运营。

我们知道，在各国公司治理实践中，尽管公司的很多决策由董事会做出，但董事对股东负有法律上的诚信责任（勤勉义务、忠诚义务），包括董事会组织在内的公司重大事项需要通过股东大会以投票表决的方式进行最后裁决。一个自然的问题是：为什么是股东大会而不是其他机构进行最后裁决？这里的原因是，在公司众多的利益相关者中，只有拿出真金白银同时受益顺序排在最后的股东才可以为可能做出的错误决策承担责任，股东由此成为"公司治理的权威"（哈特语）。我们看到，正是由于承诺股东集体享有所有者权益，股东才成为公司治理的权威，尽管现代股份公司并没有向股东提供任何抵押和担保，甚至股东压根儿不认识公司的董事，但股东却选择以购买股票的方式把钱"借"给现代股份公司。股东成为公司治理权威这样的制度安排显然并非由于资本是稀缺的或重要的，而仅仅由于在这样的制度安排下发生"损人利己"的道德风险行为的可能性最小。

如果回到上述商业传统，我们需要反复检视的是，国资的投资管理决策做到权力和责任的匹配和统一了吗？有权做出最终决策的机构能够像股东一样为可能做出的错误决策承担责任吗？或者它能够对最终承担责任的股东负有法律上的诚信义务吗？

我们同样知道，财务造假是资本市场发展的毒瘤，而对投资者权益的法律保护是资本市场健康发展的制度基础。其中，有保障的审计质量是会计信息真实准确披露，进而投资者权益获得保护的前提。我们很高兴地看到 2022 年中美证券监管双方围绕审计监管合作达成框架协议。而对于此前的分歧，除了中方强调经营主体在中国境内，美方强调在美国上市需要保护美国投资者的权益，谁为监管实施的主体，双方还有一个十分重要的分歧——鉴于虚拟的主体能否对股东负有法律上的诚信责任，美国《外国公司问责法案》要求对董事是否具有特殊身份、公司章程是否包含特殊要求进行"额外信息披露"，由投资者自行对潜在风险做出判断。

在发展战略的制定上，很多国企喜欢对标世界500强，强调"不仅做大，而且做强，甚至做优"。国企如果继续坚持"走出去"战略，到境外上市，甚至开展海外并购，国资监管的行政权力色彩将不可避免地受到通行商业规范的挑战和质疑。反过来，如果我们能够把"国资监管"的概念还原为"国资投资管理"的概念，就会把上述容易引发争议甚至歧视性政策的劣势转变为有雄厚资本实力背书的优势。就本质而言，新加坡淡马锡从事的工作就是国资的投资管理。

第二，国企混改完成所建立的投资合作机制的成功最终离不开引入的民资背景的战投的积极配合和深度参与。

2022年是国企改革三年行动方案的收官之年。2013年以来我国新一轮国企改革的典型特征可以概括为所有制的混合。通过引入民资背景的战投，在国企产业集团持股的经营实体中形成不同资本属性的股权结构。在经营实体的股权结构中，我们显然无法区分究竟是来自国资的那一元还是来自民资的那一元更为重要。

我们需要面对的基本事实是，在混改完成后，我们不得不按照持股比例，在股东大会上对经营实体的重大事项以投票表决方式进行集体裁决。因此，在混改完成后，我们自然需要从之前的"管企业"演变为现在的通过经营实体的股东大会履行国资投资管理职责与义务的"管资本"。

概括而言，我们把"国资监管"的概念还原为"国资投资管理"的概念不仅是对外实现走出去的现实诉求，也是对内完成混合所有制改革的自然演进。

7.2 把国企的经营管理问题与治理问题混为一谈

我们知道，从效率原则出发的经营管理实践强调权威的重要性，而治理则强调权力的制衡和投资者权益保护的重要性。人类历史上第一家现代股份公司荷兰东印度公司于1602年在荷兰的诞生标志着企业资金借贷方式实现了一场重要革命。企业资金借贷方式从之前的"抵押""担保""熟人之间的资金借贷"的债务融资发展为"无抵押""无担保""陌生人之间的资金借贷"的权益融资。

而在现代，股份公司不提供抵押、不进行担保，还要在陌生人之间进行权益融资，在这种情况下股东凭什么愿意投资购买股份公司发行的股票，并成为公司的股东？！这显然离不开能够授予股东"所有者权益"，进而向投资者提供权益保护的公司治理制度安排。因此，公司治理成为权益融资实现的微观制度基础，它强调的是如何形成权力制衡的构架，切实保护投资者权益，以确保投资者按时收回投资，并取得合理回报。

如果说公司治理也讨论权威，那么它强调的是处于信息弱势地位但出资入股的外部分散股东作为所谓"公司治理的权威"。由于在分配利润时受益顺序排在众多利益相关者的最后，股东能够为自己可能做出的错误决策承担责任，因而授予股东对公司重大事项以股东大会投票表决方式进行最后裁决的"权威"安排的背后能够很好地体现责任与权利对称和匹配的法律原则。

然而，十分不幸的是，就像《动物庄园》和《1984》的作者乔治·奥威尔所担心的那样，很多词都被"语言腐败"了。而"治理"一词在我看来是被语言腐败最严重的词之一。今天，当我们很多人振振有词谈论所谓的"治理问题"时，其实谈的只是强调效率的经营管理问题。

因此，在国资监管实践中，我们需要避免把经营管理与治理混为一谈。其中以提高效率为目的，注重自上而下的权威的计划和命令的"避免企业办社会""集中主业""产业布局优化"等问题，其实只涉及了国企的经营管理问题，而不涉及国企基础制度设计的治理问题。如果把这些问题也纳入国有资产监管体系改革的讨论中，势必会忽略对国有资产监管体系改革更为重要和基本的治理构架设计问题，将不可避免地导致"眉毛胡子一把抓"，无法突出重点和形成突破。

7.3 国资监管的重点是"防火防盗防经理人"?

鉴于所有权与经营权分离产生的委托代理问题,国资监管的重点是"防火防盗防经理人"。

现代股份公司由于股东的所有权与职业经理人的经营权二者的分离,不可避免地会因为信息不对称,产生代理冲突,形成所谓的代理成本,但一个不容忽视的事实是,只有保证所有权与经营权的分离,才能实现职业经理人的专业经营与股东资本风险分担二者之间的专业化分工,带来效率的提升。这事实上是现代股份公司的诞生送给人类更加美好的礼物,代理冲突只是这一礼物的包装所带来的环境污染问题。我们只需要通过合理的公司治理制度设计,将包装产生的环境污染问题这一负效应降到最低,完全没有必要如临大敌、因噎废食。美国经济学家巴特勒曾经说过,"现代股份公司是近代人类历史中一项最重要的发明","如果没有它,连蒸汽机、电力技术发明的重要性也得大打折扣"。

在讨论公司治理制度的设计目标时,我个人更喜欢在所有权与经营权的"分离"前加一个定语"有效",将其变为"所有权与经营权的有效分离"。这里所谓的"有效"不是不要所有权与经营权二者的分离,而是要在充分激励职业经理人进行专业经营与保护外部投资者权益二者之间实现平衡。正是在上述意义上,我把公司治理理解为"一门掌控与激励的艺术",尽管它有十分严谨和浓郁的科学成分。

7.4 转让价格或资金来源存在争议就是国有资产流失?

2022年1月7日,广东省高级人民法院对顾雏军申请国家赔偿案做出决定,赔偿顾雏军人身自由赔偿金28.7万余元,精神损害抚慰金14.3万元,返还罚金8万元及利息。央视财经2022年1月8日发表评论称,从被判"三宗罪",到改判部分无罪,再到如今获得国家赔偿,经过十多年的坚持与等待,顾雏军终于"要回了失去的东西"。

2005年9月,原任广东科龙电器股份有限公司(以下简称"科龙电器")、格林柯尔制冷剂(中国)有限公司(以下简称"格林柯尔")等公司董事长、法定代表人的顾雏军因涉嫌经济犯罪被佛山市检察院批准逮捕。2008年1月,顾雏军被佛山市中级人民法院以虚报注册资本罪,违规披露、不披露重要信息罪,挪用资金罪数罪并罚,判处有期徒刑10年。2019年4月,最高人民法院受理顾雏军申诉后,撤销对顾雏军虚报注册资本罪,违规披露、不披露重要信息罪的定罪量刑部分和挪用资金罪的量刑部分,再审判决仅保留了挪用资金罪一个罪名,并将刑期改为5年。2021年1月,广东省高级人民法院依法受理顾雏军提出的国家赔偿申请。

作为国企改革领域的研究者,在顾雏军获得国家赔偿,"要回了失去的东西"之际,我一直在思考,如果顾雏军当年没有因今天看来至少部分莫须有的罪名获罪,他当初主导收购的那些亏损国企会是什么样子？

我和我的团队仔细考察了顾雏军主导的格林柯尔收购的数家公司。我们以合肥的美菱电器为例。在2003年顾雏军收购美菱电器之前，美菱电器陷入经营困境，2001年年报显示亏损3亿元。在顾雏军入主后的第二年美菱电器实现扭亏为盈，净利润达1677万元，同比增长108.61%。顾雏军涉嫌经济犯罪被批捕事件发生后，格林柯尔被迫将其持有的美菱电器股份转让给四川长虹。

与收购扬州亚星和科龙电器等类似，顾雏军入主后，通常采取的策略是高薪吸引行业优秀人才、大幅度降低采购成本、加强精细化管理等。顾雏军在一次采访中提道，"要让一个企业盈利，最重要的是要有一个好的团队。我喜欢用高素质的人，接手科龙电器以后，我招了870个MBA研究生。这些人有很强大的执行力，智商很高，能很快反馈回来市场的走向。当年就有很好的效益"。顾雏军当年在这些企业所做的事其实就是今天很多国企通过引入民资背景的战投进行混合所有制改革最终希望做成的事。

顾雏军涉嫌经济犯罪被批捕事件的发生留给国企改革学术界与实务界很多悬而未决的疑问和困惑。

其一，如果美菱电器当初没有被顾雏军主导的格林柯尔收购，它还会是今天长虹旗下重要的成员吗？

在20世纪90年代那些在北京中关村看到过"北大方正，当代毕昇"这则让人无比震撼的广告的人中，有多少人会相信以公有企业身份和名校声誉背书的北大方正居然有一天会走向破产重整呢？

其二，如果没有顾雏军涉嫌经济犯罪被批捕事件的发生，今天的扬州亚星和科龙电器等会是什么样子？

从公开可获得的资料来看，扬州亚星被重新收归国有后，其总资产、员工数量和纳税总额呈下降趋势，一度有望成为国内客车旗舰品牌的扬州亚星走向式微。科龙电器是由一家乡镇企业转变成国企的，并在顾雏军的率领下成长为冰箱行业的龙头企业之一。国企收购科龙电器后未能重振科龙电器往日的辉煌。

顾雏军涉嫌经济犯罪被批捕事件留下的阴影之一是，国有资产流失成为很多试图进行改革尝试的企业家的梦魇，往往令国企实务界谈虎色变。直到今天，依然有一些人利用这一利器去攻击那些历史上引入战投和进行股权结构调整变更的企业，且"无往而不利"。联想集团的国有资产流失争议也许只是最近的一个，但显然不是最后一个。

如果对顾雏军事件进行深入思考，你会发现，国有资产流失也许并不仅仅是一个简单的会计"资产得失"问题，还是一个经济学的"效率"问题。中国企业改革与发展研究会副会长周放生曾经说过，"不改革才是最大的资产流失"，而"资产流失也许是改革需要付出的必要成本"。

为此，我曾建议围绕国有资产流失的争议，设立强调效率评价的仲裁委员会。现有法律框架下的仲裁委员会更多是从法律层面，基于法律证据和法律依据对历史纠纷做出调解。基于上面的分析，我建议，类似于反垄断评估不仅仅是法学问题，还是经济学的效率问题，围绕国有资产流失的仲裁要有经济学家对效率的评估。对于该机构的设立，也可以尝试围绕国务院国资委与国家发展改革委对国企改革指导职能的统一开展积极的探索,由双方会同司法部共同成为设立主体。

顾雏军获国家赔偿,在很多包括我在内的关注国企改革的人士看来,更多的是国家所做出的一种姿态:一定程度上表明了历史上的顾雏军所谓导致国有资产流失至少部分是子虚乌有。这也许是终止对联想国有资产流失的相关争议的一种积极作为。

第 8 章
国有资本投资管理体系的 N 家"淡马锡"模式

8.1 国有资本投资公司的未来：从一家"淡马锡"到 N 家"淡马锡"

2022 年，国务院国资委明确中国宝武、国投、招商局、华润和中国建材 5 家企业由"国有资本投资公司改革试点企业"转为正式的"国有资本投资公司"。上述 5 家企业由以往的产业集团向国有资本投资公司的转变，一定程度表明作为国有企业混合所有制改革的重要环节和配套措施的国有资本投资管理体系的改革进入实质阶段。

从 2013 年 11 月中国共产党十八届三中全会首次提出"国有资本投资公司"概念，国务院国资委自 2014 年分三批启动 19 家试点，到 2022 年上述 5 家企业转为正式的国有资本投资公司，时间已经过去了将近十年。那么，我们应该如何展望国有资本投资公司的未来呢？

第一，上述转变的核心是国有企业由原来"管人管事管企业"的产业集团转变为"管资本"的国有资本投资公司。因此，摆在上述5家企业以及未来更多的国有资本投资公司面前的突出挑战是，如何避免以往产业集团通过集团内部管理文件的方式直接干预控股和参股子公司的人事任免和经营战略调整，而是在《公司法》的框架下以主要股东的角色通过股东大会等方式实现和保护国资的投资者权益。

从这一转变的核心出发，未来国有资本投资公司需要完成以下三方面的转型。

其一，国有资本投资公司要日渐强化财务和法务等"管资本"职能，逐步弱化战略指导和风险管控等可能涉及"管人管事管企业"的职能。财务职能是获得投资回报基本信息的重要渠道，而法务职能则是借助《公司法》通过向违反诚信义务的子公司管理团队发起必要的法律诉讼，保护国有资本投资公司投资权益的凭借。上述两个职能将很好地体现这轮混改"管资本"的改革意图。而若加强战略指导和风险管控，国有企业必然像以往产业集团一样对子公司层面的经营管理进行不必要的干预，无法真正避免直接"管人管事管企业"。国有资本投资公司将根据子公司的财务报告情况对子公司进行增减持和"把鸡蛋放在不同篮子里"的资产组合管理来实现风险管控职能。在上述意义上，国有资本投资公司的董事会组织本身是否以外部董事为主并非国有资本投资公司完成转变的关键。

其二，让国有资本投资公司控股和参股的子（孙）公司成为公司治理的各级主体。这些子（孙）公司需要定期组织股东大会，围绕外部独立审计机构的聘任、战略调整和董事会组织等重大事项进行集中讨论，并按反映责任承担能力的持股比例和多数决原则进行表决通过。这些子（孙）公司需要确保董事会组织中外部董事占有足够比例，以及代表主要股东利益诉求的股东董事占有适当比例。原则上，主要股东委派的董事所占的比例不应超过持股比例的上限，应适当鼓励非主要股东超过持股比例超额委派董事。这样做的目的是形成制衡的董事会组织结构，使董事会成为围绕战略调整、风险控制等重大决策的自动纠错机制，利用子（孙）公司的信息优势因地制宜地制定适合本公司发展的战略和风险控制决策。而占比较大的外部董事将借助他们的专业优势和丰富的经验提升公司在战略和风险管控方面的专业决策能力。

子（孙）公司成为公司治理的主体还体现在子（孙）公司董事会能够基于业务开展的需要自主聘任经理人，并制定与其绩效挂钩的竞争性薪酬方案和授予其股权的激励计划。因此，成为治理主体的子（孙）公司面临的并非很多学者热衷讨论的国有资本投资公司是否授权和如何授权问题，而是自然的权力回归问题。因为这些原本就是作为治理主体的企业董事会的权力，国有资本投资公司只是该公司需要面对和回应投资回报诉求的众多投资者之一。

原来作为产业集团的孙公司的治理制度设计参照子公司，逐步使原孙公司成为作为主要股东的子公司的治理主体。子公司作为治理主体的孙公司的股东之一，与其他股东一道通过股东大会等治理平台来实现自身的投资者权益保护职能。

其三，国有资本独资的子公司首先需要按照这一轮国企混改的通常做法，引入民资背景的战投，形成制衡的股权结构，改变以往产业集团对子公司的公司治理大包大揽的做法，致力于将子公司培育成股权结构制衡、董事会成员（来自外部）具有专业素养的治理主体。

第二，国有资本投资公司的人员组成和日常职能。

目前的国有资本投资公司的人员来自原产业集团总部的管理人员，因此，在一些国企改革领域的研究者看来，存在所谓国有资本投资公司的"大总部"和"小总部"的讨论。其实从"管资本"的职能定位出发，参照一家资产管理公司的人员组织，未来国有资本投资公司的人员组织规模也许确实不需要很大。巴菲特领导的著名的伯克希尔·哈撒韦管理的资产规模不可谓不大，从可口可乐到富国银行，但总部人员长期保持在二十几人，用一栋一租就是50多年的写字楼的半层楼就全部装下了。

由于国有资本投资公司与国资委在功能上存在替代性，理论上，未来不能排除由 N 家国有资本投资公司代替国资委的可能性。换句话说，新加坡由于国有资本规模的问题，也许一家淡马锡就够了，而中国则需要按照产业分布的路径依赖形成 N 家淡马锡。未来，对于这 N 家国有资本投资公司的总经理（也许并不需要董事长），可以考虑由全国人大代表机构中的相关委员会通过遴选考核和聘任在声誉卓越、绩效优异的资产管理经理中产生。

在日常职能上，国有资本投资公司主要设立会计部和法务部，前者核实所投资的国有资本的回报信息，为国有资本投资公司增减持国有资本提供基础信息，后者通过法律途径保护国有资本投资公司作为投资者的权益。对于国有资本产业布局战略研究和行业分析，甚至公司治理投票表决等事务，也许可以考虑外包给提供上述专业服务的市场机构来完成。

第三，国有资本投资公司与国有资本运营公司的关系。

虽然在国有资本投资管理体系改革的最初设计中，我们把原来国资委与实体企业之间的"隔离层"或者称为国有资本投资公司，或者称为国有资本运营公司，但二者在性质上并无本质区别。只不过看起来国有资本投资公司是由原来的产业集团转型而来，持有的股份更加集中，往往是作为战略投资者的主要股东；而后组建的诚通、国新等国有资本运营公司往往持股数量较少，财务投资者的角色突出。相比于作为财务投资者往往并不需要派出代表国资利益诉求的股东董事，甚至往往选择在公司治理实践中搭主要股东的便车，持股比例相对较大甚至集中的战略投资者则有责任在子（孙）公司的董事会组织和运行中扮演主要股东的治理角色。

但随着未来子（孙）公司混改的深入和国有资本投资公司持股结构的优化，并不能排除在所谓非基础战略性行业，国有资本投资公司从原来的持股较为集中的战略投资者转变为目的是分散投资风险、把鸡蛋放在不同篮子里的财务投资者的可能性。而一些目前只是财务投资者的国有资本运营公司则可能通过不断增持，成为主要股东和战略投资者。但无论是国有资本投资公司，还是国有资本运营公司，即使是扮演主要股东治理角色的战略投资者也需要不断提醒自己——自己只是出资入股的众多股东之一，只不过自己的股份大了一些而已，不能像以往产业集团时代那样对子（孙）公司的董事会组织大包大揽，而是作为股东之一，与其他股东一道在《公司法》的框架下通过股东大会等治理平台发挥作用。

未来，国有资本投资、运营公司优化产业布局、引导社会投资的功能则主要通过扮演积极股东的角色体现。国有资本投资公司可以基于业绩表现通过增减持向资本市场传递看多看空的信号，或者可以借助媒体的力量，通过发布公司治理排名，甚至通过委派董事参与和完善子（孙）公司的治理状况。

应该说，2022年中国宝武、国投、招商局、华润和中国建材5家企业由"国有资本投资公司改革试点企业"转为正式的"国有资本投资公司"只是朝着上述方向迈出的相对关键和重要的一步。鉴于国有资本投资管理体系的现状和挑战，有理由相信未来我国还会有更多的产业集团转变为国有资本投资公司，并沿着逐步形成"全国人大——N家国有资本投资公司——股权制衡、治理结构完善的实体企业"的所谓"N家淡马锡"的中国国有资本投资管理体系的改革方向前进。

8.2 N家"淡马锡"模式的特征

一个合理的国有资本投资管理体系也许可以尝试从以下几个方面寻求可能的突破，这将同时构成所谓的N家"淡马锡"模式的特征。

其一，从"大包大揽式"监管到"搭便车式"监管。

由于国资所有者缺位，传统的依靠作为大股东的国资对上到章程修改下到外部董事聘请的公司治理进行"大包大揽式"监管，容易导致我所谓的"中国式内部人控制问题"。这些一肩挑党委书记的董事长虽然不持有公司的股份，但由于政治关联、社会连接和历史文化的原因，往往成为中国式内部人控制格局的核心。中国华融资产管理公司的赖小民和烟台恒丰银行的蔡国华是典型的例子。

新一轮混改的突出特征是引入民资背景的战投,实现所有者的混合。这些民资背景的战投往往盈利动机明确,投资入股的真金白银能够为自己做出的错误决策承担责任,在监督经理人上有动机扮演更加积极的角色。因此,我的主张是,通过混改引入战投,国资与战投形成制衡构架,在治理上更多搭战投的便车,让这些战投在治理中冲在前头,国资只在损害股东利益的议案上联合其他股东说"不",从而真正使国资做到从"管企业"到"管资本"的角色转化。

由于监管依赖下治理的缺失,中小银行的治理问题严重,但上市的国有大商业银行的治理问题相对不那么严重。这一定程度上与这些银行在上市之初引入战投,战投在治理中扮演积极角色有一定的关系。中国银行前董秘梅非奇在中国上市公司协会第三届独立董事专业委员会会议上表示,在一些董事会议案的表决上,这些战投委派的董事往往比独董更加积极和主动地提出质疑,甚至直接出具否定意见。

其二,外部董事由国资委选派到企业,通过董事会的提名委员会进行市场聘任和遴选。

正如在上篇的讨论中所提及的,这一改革方向的前提是在股权层面,通过引入民资背景的战投,与国资形成制衡的股权结构。如果国资大股东一股独大,公司治理制度建设依然大包大揽的格局并未从根本上改变,外部董事将难以从根本上逃脱沦为"花瓶"和"表决机器"的命运。

在通过混改引入民资背景的战投形成制衡的股权结构的前提和

基础上，通过董事会的提名委员会进行市场聘任和遴选，外部董事将改变目前更多免责和对"上"负责的现状，转为对自己的声誉和法律责任负责。

其三，借助市场的治理力量。

除了通过混改引入战投，在治理制度建设上搭战投的便车外，对于具体治理事务，国资还可以考虑借助市场的治理力量，发挥专业优势，提高治理效率。例如，国资可以考虑把相关投票表决等治理业务外包出去或购买专业治理咨询服务。

我注意到，围绕投票权的行使，很多大名鼎鼎的国际投资机构都在购买 Institutional Shareholder Service（ISS）、紫顶等治理咨询服务。在它们看来，付出必要的代价购买自己不擅长的业务，把专业的决策交给专业人士来完成，不失为一项理性选择。

其四，避免过多行政干预和任务考核，将企业置于多任务的决策环境中。

我们的很多国企实际面临的治理困境往往是"既要""又要""还要"的利益冲突。弗里德曼曾经说，企业最重要的社会责任是创造利润。企业可以通过创造利润、解决就业问题、缴纳税收来回报社会，不宜把太多的环境等社会责任强压在企业身上。我们鼓励企业以聚焦主业、创造利润和缴纳税收的"专业化"方式参与到政府通过向企业征税进而提供教育与国防等公共品的社会分工中，而不是既要又要还要的不分工和乱分工。

基于前面的讨论，我们不难看到，未来国有资产监管体系的改革目标，也许是搭建这样一个监管平台：在股权结构层面，盈利动机明确、职责权利对称的战投冲在前面，国资成为一个搭便车者，借助专业投票代理等市场力量履行监督职责；在董事会层面，则由市场遴选和聘任的独董扮演更加积极的角色。

当我完成国有资产监管体系改革尝试方向的讨论，蓦然回首，恍然发现，这事实上正是新加坡淡马锡已经和正在做的核心和主要工作。作为国有资产监管体系，新加坡淡马锡的成功不是偶然的。它的核心逻辑就是：利用市场的专业化分工，提高治理效率。

如果说由于受到投资规模等限制，新加坡是一家淡马锡模式，我这里倾向于认为，我国未来的国有资本投资管理体系也许是 N 家淡马锡模式。概括而言，我们也许可以考虑将目前的 N 家产业集团转型为 N 家国有资本投资、运营公司，建立 N 家淡马锡模式的雏形，使这些产业集团转型后形成的国有资本投资、运营公司成为未来国有资本投资管理体系的主体构架。

在我看来，我国未来 N 家淡马锡模式的国有资本投资管理体系也许应该具有以下几个特点。

第一，由产业集团转型的国有资本投资、运营公司与通过混改引入的战投一道以在股东大会上投票表决的方式对在股权结构上形成所有制混合的经营实体公司的重大事项进行最后裁决，实现从"管企业"到"管资本"的根本转变。为了治疗国资所有者缺位的痼疾，在国有资本投资管理体系的设计和运营上，国有资本投资、运营公司在股东层面更多选择搭混改引入的盈利动机明确且能够为自己做出的错误决策承担责任的战投的便车。中国联通混改的成功一定程度上是由于引入 BATJ 战投中国联通形成制衡的股权结构后所形成的自动纠错机制。

国有资本投资、运营公司通过减持或增持经营实体公司的股份，甚至对所持股经营实体公司的治理情况进行排名，向资本市场传递信号，扮演可能的公司治理角色。而不具备相应公司治理能力的国有资本投资、运营公司，对所持股的经营实体公司的相关事务的投票表决，可以聘请类似于ISS、紫顶等专业投票代理机构进行咨询。

第二，在经营实体公司的董事会层面，除了依靠战投委派的股东董事，还需要依赖来自外部的、具有兼职性质的、注重声誉的独立（外部）董事。

我注意到，提高国企外部董事的比例成为一段时期以来完善国企公司治理的重要举措。然而，外部董事发挥预期的监督作用需要依赖为数不少的股东认同他的行为，为其挑战董事会错误议案"伸张正义"。不试图改善履职的制度环境和文化氛围，一味从对股东负有的法律上的诚信责任出发，要求一位外部董事从保护国资的利益出发挑战董事会的权威无异于刻舟求剑。通过混改在实体经营层面形成制衡的股权结构无疑构成了外部董事发挥预期作用的先决条件。

我同样注意到，一些国企把将外部董事引入产业集团层面的董事会中作为公司治理改善的重点。其实对于从事国资投资管理、通过经营实体层面的董事会来实现管资本目标的产业集团，提高参股的经营实体层面的董事会的独立性远比提高产业集团层面的董事会的独立性更为重要。其中的原因在于，由产业集团转型的国有资本投资、运营公司需要借助经营实体层面的董事会中战投委派的股东董事以及外部董事形成制衡的构架，进而形成自动纠错机制，实现国资投资管理的保值增值目标。

第三，对于公司治理中十分重要的经理人股权激励计划，由制衡的董事会，在股东大会的支持下，根据经营实体层面面临的实际情况灵活推出。

经理人股权激励计划是协调公司治理实践中代理冲突双方股东与经理人最重要的制度安排之一。很多卓有成效的公司治理实践恰恰不是由于董事会对经理人的监督尽职，而是由于对经理人的激励到位。就本质而言，包括经理人股权激励计划在内的经理人薪酬合约设计是一个信息（不对称）问题，应该由信息更为对称的董事会（甚至其中专业的薪酬委员会）完成对经理人的绩效评估，并努力使经理人的薪酬与其作为"努力的结果"的企业绩效挂起钩来，以此实现激励其（不可证实，甚至不可观察的）努力付出的目标。而传统上，实施员工持股计划（激励对象更加广泛的经理人股权激励计划）则计划不仅需要符合统一规定的员工持股计划实施意见的相关要求，而且需要得到产业集团的批准，向国资监管部门报备。我们看到，通过把国资监管还原为国资投资管理，向经理人提供激励的工具就能自然回归到经营实体层面的董事会。

那么，未来我国建立科学高效的国有资本投资管理体系的关键是什么？

在我看来，主要有两方面：其一是产业集团向国有资本投资、运营公司的成功转型。产业集团要从以往国资委国资监管授权体系中的一环和"管人管事管企业"的企业集团的总部机关转变为某一领域的独立的国资投资管理主体和国有资本投资、运营公司（甚至可以跳过国资委，直接向国务院负责），通过持股的经营实体公司的股东大会这一治理平台履行与民资背景的战投相同的投资者责任,享有相同的投资者权益。而上述转型涉及十分庞大的利益相关方的利益调整,无异于一场新的自我革命,挑战难度之大超过了我们的想象。

其二就是本书在这里强调的从国资监管回归到国资投资管理这一理念的转变。

在我看来,未来提振中国经济,既需要调动增量的力量,又需要激发存量的活力。而增量的力量来源于以科技创新为导向的新经济企业的蓬勃发展,因此,我们需要为平台经济的发展提供更加包容开放的制度环境,为企业家精神的激发进行积极的制度创新。对于存量的活力,我们则需要通过深化国企混改和建立国有资本投资管理体系,一方面转换以往国企经营实体的经营机制,另一方面为民资发展释放空间,活跃民间资本投资,最终实现存量的盘活。

8.3 产业集团如何转型为国有资本投资公司?

在国企混改实践中,围绕目前履行控股股东职能的产业集团未来向国有资本投资公司转型主要存在以下三种模式。其中,最为常见的实现模式是委派董事参与公司治理。如果对照国企混改最初的顶层设计,上述实现模式面临的最大挑战是如何切实贯彻从"管企业"到"管资本"原则。

资本是股东对企业的投入,强调流动性和增值性。"管资本"强调实现股东权益的最大化,即国资的保值增值,其核心是市场导向下的价值管理,不排斥甚至鼓励能够带来效率提升的经营权与所有权分离的专业化分工。然而,按照一些国企改革实践者的说法,我们往往是管人、管事、管资产一把抓,"从头管到脚",重过程、重程序,轻绩效、轻价值,最终"管"掉了活力、竞争力,"管"掉了市场,"管"掉了效益和效率。在国有资产监管体系构建理念的形成过程中,我们同样经历了从管人管事管企业到管资本,再从管资本到目前以管资本为主的认识过程。因而,从管企业到管资本需要思想破冰、观念转变。

在2020年10月16日于上海举行的中央企业混合所有制改革暨中央企业民营企业协同发展项目推介会上,复星集团董事长郭广昌笑言:"混合所有制企业,如果国有资本做控股股东,最怕国企继任董事长。"20年来复星集团参与混合所有制改革的成功实践案例达30多起,控股9家混合所有制企业,参股20余家。这些企业如今都已成为国内甚至全球的领先企业。

而全国社保基金理事会原副理事长王忠民2020年9月15日在"国资大讲坛"山西专场演讲时讲述了当年全国社保基金参与一项重大直接投资项目的故事,以此展现了管资本的艺术。在一个直接投资达78亿元、持股比例达5%的项目中,全国社保基金最初打算争取一个董事席位。然而对方随即表达了顾虑:"数字化时代,最耗不起的是时间。我们可能上午有个议案,下午(通过)电话会议就把董事会(给)开了。你们派的董事,都要走内部程序才能发表意见,没有十天半个月下不来","还是派观察员吧,监督我们开会、干活,我们保证公开透明"。全国社保基金反复权衡后,最终决定派观察员。按照王忠民对此事的评论,"现在看,(全国)社保基金(的)这笔投资(的)后续增值幅度惊人"。

即使在基础战略性行业,如果能像中国联通混改案例一样,使引入的民资背景的战投在董事会组织中占优，一定程度上战投将与在股东层面占优的国资委派的股东形成制衡的董事会构架，这将不仅有助于民资背景的战投实现激励相容，参与混改，而且有助于国有资产监管体系从管企业向管资本转化。

产业集团转型的第二种可能实现模式是，国资作为有限合伙人与作为普通合伙人的共担风险的民资背景的战投共同组成有限合伙企业形态的基金。在以管资本为主的新一轮国资改革背景下，未来国有资本的一个重要发展趋势就是投资的基金化。而有限合伙是十分常见的基金组织类型。普通合伙人作为执行事务合伙人对合伙企业债务承担无限连带责任，而有限合伙人以其认缴的出资额为限对合伙企业债务承担责任。4.2节中围绕重庆钢铁通过引入有限合伙构架完成混改的案例的讨论表明，在出资人以有限合伙人的方式对投资风险进行隔离时，（负责投资管理的）普通合伙人与（负责风险共担的）有限合伙人的专业化分工带来了投资效率的提升。

需要说明的是，在重庆钢铁混改案例中，作为重庆钢铁主要股东的长寿钢铁，其主要股东四源合产业发展基金事实上可以理解为引入有民资背景色彩的战投四源合投资公司后产业集团的转型。国资背景的中国宝武与民资背景的四川德胜在四源合产业发展基金中只是负责分担风险的有限合伙人，四源合投资公司作为四源合产业发展基金执行合伙事务的普通合伙人和基金管理人，能够代表四源合产业发展基金履行所控制的长寿钢铁进而重庆钢铁的投票表决等实控人事务。而四源合投资公司则是由四家中外股东合资共同发起成立的。除了分别持股25%的中国宝武全资子公司华宝投资有限公司和中美绿色东方投资管理有限公司，以及持股24%的深圳市招商平安资产管理有限责任公司,美国著名私募股权机构 WL ROSS 公司持股 26%,成为第一大股东。而 WL ROSS 公司擅长重组钢铁、煤矿、电信、纺织等行业的破产企业,曾成功并购重组了美国第四大钢铁厂 LTV 和美国钢铁巨头伯利恒钢铁,是重庆钢铁混改中的关键角色四源合产业发展基金背后的关键角色。重庆钢铁主要股东长寿钢铁通过引入上述有限合伙构架实现了从传统产业集团向基于有限合伙构架的基金的转型。

基于有限合伙构架的基金转型,长寿钢铁也得到了一些国企改革实践者的相关政策主张的支持。例如,在国有资产管理模式选择上,王忠民 2019 年 11 月 26 日在"国资大讲坛"上海专场上指出,"过去政府引导基金、PPP 基金只融合了资本而没有处理好资本。比如限制具体投资项目,也就限制了投资收益率","改变当前国有资产管理模式,站在资本运营受托人的角度全新思考国资,手段上要充分借力母基金模式","相比投资一个专业细分领域中的某个场景,国资选择以基金方式投资,风险更小,收益率更稳定"。

在基金的普通合伙人和有限合伙人的角色分配上,王忠民同样在此次"国资大讲坛"上海专场上指出,"只有投资链条表现为从母基金到基金,再到被投企业,才可以让基金的专业投资价值得以实现,让不同特性的资本只做自己的事情,同时也可以规避风险和冲突","大家才能各司其职,形成良性循环,构筑国有资本(在)发挥引导功能时实现更大的应用场景"。而"国资直接做普通合伙人,容易把事情引导偏,用母基金方式才能把项目投好,规避风险,真正解决问题","让国有资本不仅做有限合伙人也做普通合伙人,直接去选择投资对象,一定会在利益的对冲性、风险的对冲性当中错位,从而直接导致国有普通合伙人做基金投资的风险加大","在基金运营模式方面,国有资本适合做有限合伙人而不是普通合伙人,毕竟普通合伙人对投资项目的选择和管理负有无限责任","要么让国有资本只做有限合伙人不做普通合伙人,要么让国有资本只做母基金层面的普通合伙人,而不是做专业、具体基金层面的普通合伙人"。

因而,在国企混改实践中,国有资本投资、运营公司也许应该借鉴主权投资基金或投资公司的模式,围绕如何实现国有资本的保值增值,围绕如何做强做大做优国有资本,主动扮演母基金或有限合伙人的角色,在国内外物色风险共担的一流专业基金管理团队作为普通合伙人。而选择四源合投资公司作为有限合伙构架中的普通合伙人显然成为重庆钢铁混改成功十分重要的环节之一。

产业集团转型的第三种可能实现模式是,国资转化为优先股。被誉为"伪装了的债务"的优先股兼具债务和权益的特征。例如,在具有设定的清偿价值(每股500元)、设置既定的股利(5%)、优先股股东不具有表决权,以及机构投资者持有优先股股利享受税收减免等方面,优先股特别类似于债务;而在董事会有权决定不对优先股股东发放股利,以及优先股股利不能作为一项经营费用冲减税基、个体投资者持有优先股时股利属于应纳税的普通收入等方面,优先股又十分类似于普通股。优先股的突出特征是以法律明确规定的证券性质这一可置信方式向发行方做出承诺——不通过股东大会投票表决方式行使控制权来对实体企业具体经营管理事务加以干预。

优先股的上述回报稳定特征将满足国有资产保值增值的现实要

求，而优先股股东不具有表决权的特征则保证了通过市场遴选产生的和处于激励约束下的管理团队对企业经营管理的话语权。这成为企业经营者不断提升运营效率和盈利水平的硬约束和强激励，使国有资产监管体系从根本上实现从管企业到管资本的转化。转为优先股的国资并非从此无所事事，而是应该一方面通过减持和增持所持优先股引导社会资本投资流向，另一方面通过公司治理评价排名和协商扮演积极股东角色。

我注意到，浙江省杭州市在一些改制企业中将国资设定为优先股，从而"突破按照股权多少安排法人治理结构的框框"，开始了国资转为优先股的有益探索。

第 9 章
探索中的国有资本投资管理体系改革

9.1 国有资本投资管理体系改革的"天津模式"

设计国有资本投资、运营公司的初衷是在国资委与实体经济之间形成"隔离层",实现国有资产监管体系从"管企业"向"管资本"的转变。

在央企混改层面,国资性质的股东除了性质上属于国有资本运营公司的诚通、国新等外,还有由原来国务院专业部委演化而来的产业集团。例如,在中国联通的混改案例中,即使在混改完成后,由国务院国资委全资控股的产业集团——联通集团对中国联通的持股比例依然保持在36%。

而在一些地方国企混改实践中,此类的国有资本投资、运营公司则有时直接成为原来产业集团的替代,甚至成为产业集团的上一级控股公司,并委派代表自己利益的董事加入混改的国企实体经济中。这使得地方国企层面的国有资本投资、运营公司与最初为其所设计的职能定位更加吻合。我们以天津为例。天津国资委于2017

年 7 月设立注册资本为 120 亿元的津诚，负责非制造业国有企业"国有资产的资本化"后的投资和运营。2018 年 4 月 19 日，天津国资委将所持有的天房集团等的 100% 股权按照经备案的评估值注入津诚。而津诚等国有资本投资、运营公司未来将与通过混改引入经营实体中的战投一起，共同以股东的身份参与相关的公司治理。

经过上述机构设立和资产处置，理论上，天津国资委未来将以津联、津诚和国兴等国有资本投资、运营公司作为国资监管对象，与经营实体天房集团等不具有直接的产权关系，从而实现从以往"管人管事管资本"向"管资本"的转化；津诚将与通过混改引入天房集团中的战略投资者，共同以股东的身份参与相关的公司治理；天房集团则通过公司制改造，实现"国有资产的资本化"，在多元股东和利益相关者的权益制衡下，通过股东会和董事会来实现有效公司治理，形成现代企业制度。

上述改革为国有资产监管体系从以往"管人管事管资本"向"管资本"转化创造了条件。

9.2 云南白药的整体上市

天津的上述实践通过设立投资运营机构，将国资委与实体企业"隔离"，二者"不再有直接产权关系，（国资委）也无权穿越投资运营机构干预其投资的公司，政企分开顺理成章"（陈清泰语），以往国有资产监管体系"管人管事管企业"的状况由此得到一定程度的抑制。天津的上述实践无疑成为国有资产监管体系改革的风向标。

然而，上述做法的潜在问题是，无形中使原本已经很长的国资委托代理链条进一步延长了。如果说，原来国资委是通过全资控股的控股集团公司间接持有上市子公司的股票，那么，现在是国资委首先全资控股国有资本投资、运营公司，国有资本投资、运营公司再持股原来的控股集团公司，然后控股集团公司持股上市子公司。这样，国资委托代理链条从原来的至少三级变为目前的至少四级。而委托代理链条延长以及由此引发的所有者缺位问题作为国企的典型弊端长期为人所诟病。此外，同样作为经营实体的控股集团公司与所持股上市子公司的同业竞争问题，进而引发的对关联交易的担心问题迟迟得不到解决。

我们看到，天津在国有资产监管体系改革上的尝试虽然很好地解决了"管人管事管企业"向"管资本"的转化问题，但未能很好地解决委托代理链条延长和同为经营实体的控股集团公司与上市子公司的同业竞争问题。

而对于天津国有资产监管体系改革所遗留的问题，云南白药新一阶段的混改实践则提供了重要的解决思路。2018年12月12日，云南白药发布《吸收合并云南白药控股有限公司暨关联交易报告书（草案）》。云南白药吸收合并白药控股，实现整体上市，并确保交易完成后云南国资委和新华都的持股比例一致，延续了白药控股前次混改中国资和民资并列第一大股东的基本原则。上述转化不仅完成了原控股集团公司白药控股的混改，而且也为未来在整体上市的云南白药和主要股东云南国资委之间引入国有资本投资、运营公司创造了条件。

按照国务院国资委报告的数据，截至 2018 年上半年，中央企业控股的境内外上市公司共有 398 家，国资中 65.2% 的总资产和 61.7% 的净资产已经进入上市公司。因而利用控股集团持股的上市公司进行整体上市，以解决委托代理链条延长和同业竞争的问题至少在央企层面上具有一定的可行性。云南白药的相关实践为经营实体（例如白药控股）如何通过借助控股上市公司实现整体上市进而完成混改积累了宝贵的经验。

虽然云南白药在缩短委托代理链条和避免作为经营实体的控股集团公司与上市子公司出现同业竞争问题上迈出了坚实的一步，但是，值得注意的是，完成整体上市，与新华都一起控股云南白药的控股股东却依然是云南国资委。按照天津国有资产监管体系改革形成的经验，这似乎并不利于国有资产监管体系从"管人管事管企业"向"管资本"转化。

因而，只有把天津国有资产监管体系改革的思路和云南白药吸收合并控股公司整体上市的思路二者结合起来才能真正解决目前国企混改面临的两难选择问题：为了实现从"管人管事管企业"向"管资本"的转化需要引入国有资本投资、运营公司，而引入国有资本投资、运营公司则将延长委托代理链条。一方面，我们借鉴云南白药模式完成控股集团公司的混改和缩短委托代理链条，另一方面则借鉴天津国有资产监管体系混改实践，通过组建国有资本投资、运营公司，实现国有资产监管体系从"管人管事管企业"向"管资本"的转化。

9.3　巴菲特的伯克希尔·哈撒韦是如何"管资本"的？

巴菲特控股的伯克希尔·哈撒韦由于股权集中成为美国以股权高度分散为典型治理模式的公众公司中的"另类"。事实上，伯克希尔·哈撒韦作为公司治理中的"另类"还体现在它是美国公众公司中为数不多的依然存在金字塔控股结构（链条）的上市公司之一。这里所谓的金字塔控股结构指的是持有控制性股份的A公司收购B公司的控制性股份，然后通过B公司收购C公司，实现对C公司的控制，形成一个类似于金字塔控股结构的控股链条。在层层股权控制链条下，处于金字塔塔尖的实际控制人由此构建了一个庞大的企业集团。习惯上，我们把这些实际控制人借助复杂的控股链条建立的金字塔控股结构所形成的庞大企业集团称为"××系"。这意味着，如同中国资本市场存在所谓的"明天系""方正系"一样，美国资本市场同样存在所谓的"伯克希尔系"。

哈佛大学安德鲁·施莱弗（Andrei Shleifer）教授领导的研究团队在21世纪初完成的一项研究表明，金字塔控股结构在许多国家中都存在：在27个富裕国家的20个最大的企业中，有27%的企业以金字塔控股结构实现控制。后续的跟踪研究表明，东亚9个国家和地区、西欧13国和中东欧10国的绝大多数大公司都是由一小部分家族通过金字塔控股结构来控制的。实际上，金字塔控股结构同样遍布中国，这样的控股结构不仅存在于民营上市公司中，也同样存在于国有控股上市公司中。有研究将两家及以上的上市公司被同一实际控制人控股或实际控制界定为资本系族，按照这样较窄的统计口径，截至 2017 年 2 月，深沪两市共有各类资本系族 178 个，涉及上市公司 1 045 家，占同期 A 股上市公司总数的 34%。因而，金字塔控股结构可以称得上是我国资本市场的基本金融生态。

需要说明的是，作为基本金融生态，这一在中国等地十分突出的金字塔控股结构在当今美国资本市场并不典型。这很大程度上要归功于 20 世纪 30 年代美国出台的《公共事业控股公司法案》（PUHCA）和此前开征的公司间股利税。汲取"大萧条"时期爱迪生联邦公司破产的教训，为了防范金字塔式并购带来的财务风险蔓延，美国国会于 1935 年出台《公共事业控股公司法案》。该法案限制公用事业控股公司拥有太多的附属公司和交叉持股，规定控股公司的控制不能超过两层。美国此前开征的公司间股利税则使控制子公司孙公司的金字塔母公司处于税负不利状态。在金字塔控股结构中，每一级向上一级控股股东分配股利都需要缴纳股利税；金字塔控股结构的层级越多，意味着总体的税赋水平越高。这使得这类公司在竞争中处于明显的税负不利状态。这被认为是美国 20 世纪初一些庞大的托拉斯组织解体的重要因素之一。经过上述制度变革和调整，美国资本市场的上市公司逐步形成了在股权结构上高度分散、在持股链条上扁平化的公司治理范式。

然而，值得我们关注的是，主营业务为投资的伯克希尔·哈撒韦无论是股权结构还是持股链条在很多公司治理研究者的眼中显然不仅属于美国典型治理范式的例外，甚至是典型的另类。巴菲特和他的团队相对控股的伯克希尔·哈撒韦利用其开展保险业务形成的大量浮存金，收购和参股了一系列公司，实现了目前高达 7 000 多亿美元的总资产投资规模。伯克希尔·哈撒韦目前几乎 100% 控股的重要公司包括美国最大的汽车保险公司之一 GEICO、全球最大的再保险公司之一通用再保险公司（General Re）、Shaw Industries、内布拉斯加家具商城（Nebraska Furniture Mart）、著名的珠宝公司 Bergheim´ Jewelry、北美最大的铁路公司 BNSF、精密金属零件制造公司 Precision Castparts Corp。伯克希尔·哈撒韦同时是读者所熟悉的全球著名企业可口可乐、美国运通、富国银行和《华盛顿邮报》等最大的股东。因而，伯克希尔·哈撒韦与它所投资的企业构成一个双层甚至多层的金字塔控股结构，而巴菲特本人则成为处于上述金字塔控股结构塔尖上的最终所有者。事实上，每当有股东将伯克希尔·哈撒韦与标准普尔 500 的投资收益水平做比较时，巴菲特总是强调二者之间不具有可比性背后的原因：伯克希尔·哈撒韦将面临公司间股利税的征收，双重课税使得伯克希尔·哈撒韦的总体税负水平远高于标普 500。

尽管是公司治理中的"另类"，但巴菲特和他的伯克希尔·哈撒韦通过投资上述金字塔控股结构，在过去的 50 多年里取得的总回报却是标普 500 的两倍。按照 2020 年 8 月 10 日发布的《财富》世界 500 强排行榜，伯克希尔·哈撒韦位列第 14 位。巴菲特本人也成为史上最伟大的价值投资者。

从公司治理特征来看，我国国企中不仅存在相对甚至绝对控股的国资股东，而且置身于规模大大小小、结构或复杂或简单的金字塔控股结构中。而从业务模式来看，国企往往在所处行业占据市场主导地位，用巴菲特的话来说，那就是垄断性质的资本已经在各自的产业范围内建立了"护城河"。上述与国资性质类似的资本不仅为伯克希尔·哈撒韦的投资提供了源源不断的巨额资金，而且资金成本相对较低的保险业务被认为是伯克希尔·哈撒韦发展的重要基石。由于国企与伯克希尔·哈撒韦在公司治理的金字塔控股结构与业务模式存在护城河等问题上存在类似性，伯克希尔·哈撒韦成为美国资本市场中对国企经营具有直接借鉴意义的难得榜样。

我们知道，摆在正在积极推进混合所有制改革的国企面前的一个严峻课题是国资控股链条如何实现从"管企业"向"管资本"转化。巴菲特和他控股的伯克希尔·哈撒韦无疑成为国企混改"管资本"的潜在学习榜样。那么，国企应该如何向巴菲特和他的伯克希尔·哈撒韦学习"管资本"呢？

第一，用制度和必要的企业文化使投资者信任混改后国企管理团队。

用巴菲特的话来说，管理团队只有把股东的钱和自己的钱同等对待，把自己的财富和伯克希尔·哈撒韦的业务绑定在一起，才会对任何可能会大幅损害价值的事情保持警惕。在1996年的致股东信中，巴菲特进一步提道，"尽管我们的形式是法人组织，但我们的经营理念却是合伙制。查理·芒格和我将我们的股东看作所有者和合伙人，并将我们自己看作经营合伙人"。作为负责投资管理的普通合伙人，巴菲特持有248 734股A类普通股，占A类普通股总数的38.8%，他同时持有10 188股B类普通股，总受益权为16.2%，投票权为32.1%。

除了把自己的财富和伯克希尔·哈撒韦的业务紧紧绑定在一起的持股方式，巴菲特还用他数十年不变的坚守和行为的高度一致性告诉投资者，实现伯克希尔·哈撒韦的价值最大化才是他追求的唯一目标。我们注意到，伯克希尔·哈撒韦没有自己独立的总部办公大楼，只是在非常偏僻的美国中部内布拉斯加州奥马哈市的 Kiewit Plaza 大厦的 14 层租了半层楼做办公室，而且一租就是 50 多年。令很多国企高管匪夷所思的是，这家神奇公司的总部只有区区 20 多人，包括巴菲特和他的合作伙伴查理·芒格、CFO 马克哈姆·伯格、巴菲特的助手兼秘书格拉迪丝·凯瑟、投资助理比尔·斯科特，还有两名秘书、一名接待员、三名会计师、一名股票经纪人、一名财务主管以及保险经理。

第二，不过问和干涉控股和参股公司具体的运作和治理。

每当巴菲特对某一企业表示有收购兴趣时，他会非常明确地对该企业的管理层表示：伯克希尔·哈撒韦不会干涉公司的运作或治理。一个极端的例子是，伯克希尔·哈撒韦全资控股的喜诗糖果的总裁查克·哈金斯甚至有 20 年没到伯克希尔·哈撒韦总部所在地奥马哈做过汇报。除了以股东身份参与旗下子公司的首席执行官的遴选，伯克希尔·哈撒韦的各项业务在各子公司独立的平台上开展，它没有集中或整合的业务职能部门（例如统一的销售、市场、采购、法律或人力资源等部门）。这使得伯克希尔·哈撒韦的总部虽只有区区 20 多人却能集中精力高效完成重大的资本配置决策和投资活动。这种投资活动有效的一个证明是，在过去 50 多年时间里，伯克希尔·哈撒韦鲜有出售一家收购来的子公司的例子。这种长期持有反过来也成为对控股和参股子公司的一种非常真实的信任和有力的承诺，这也成为伯克希尔·哈撒韦投资业务最能打动人的魅力之一。

第三，在明确的授权结构下通过制定薪酬来激励金字塔控股结构下控股参股企业的高管，成为伯克希尔·哈撒韦治理构架中的关键手段。

在伯克希尔·哈撒韦，巴菲特决定非保险业务副董事长格雷格·阿贝尔、保险业务副董事长阿吉特·贾恩和伯克希尔·哈撒韦高级副总裁/CFO兼秘书马克哈姆·伯的薪酬水平，而阿吉特·贾恩有权设置伯克希尔·哈撒韦保险部门的 CEO 的薪酬，格雷格·阿贝尔有权设置伯克希尔·哈撒韦其他部门的 CEO 的薪酬。薪酬与公司股票的市场价值和公司盈利能力无关，而与公司的经济潜力和业务资本密集度有关，薪酬激励与首席执行官有权控制的经营成果挂钩，并与首席执行官有权采取的措施有关。每人1 600 万美元年薪的非保险业务副董事长格雷格·阿贝尔、保险业务副董事长阿吉特·贾恩获得了美国上市公司最高的基本工资。同样让人颇感意外的是，伯克希尔·哈撒韦的薪酬激励不主要以被普遍认为与绩效具有更显著敏感性的股票期权的形式实现。而巴菲特和芒格本人，这么多年来，他们的薪酬从不增长，固定为每年 10 万美元。

第四，聚焦投资主业，把做慈善等企业社会责任交给专业的机构来履行，而不是不计成本、费时费力地亲力亲为。

在 2007 年伯克希尔·哈撒韦的股东大会上，巴菲特解释了他为什么决定通过把钱捐赠给家人和他的朋友比尔·盖茨管理的基金会来"养活"他的慈善事业。巴菲特说，"当我有钱可以捐的时候，我就会把钱交给那些精力充沛、努力工作、聪明、用自己的钱去做事情的人。而我自己则继续做我喜欢做的事"。乃至于代理投票顾问机构 ISS 对伯克希尔·哈撒韦的评价是，"在 ESG（环境、社会和治理）方面不足，审计委员会没有充分发挥职责，该公司没有适应一个 ESG 对业绩变得更加重要的世界"。

下篇　国企公司治理的规范

第 10 章
如何使国企外部董事更好地履职?

10.1 国企外部董事发挥作用的先决条件

传统上,来自外部、更加注重声誉的兼职性质的外部(独立)董事对董事会议案的挑战成本低于存在职业依附关系的内部董事,外部董事通常被认为在董事会发挥治理作用中扮演关键角色。乃至于一些人错误地认为,通过在国企董事会中提高外部董事的比例,就可以很好实现改善公司治理的目标。

然而,从实际的执行效果来看,外部董事的免责和得过且过的动机大于监督和战略咨询的动机。这虽然与外部董事往往是一定职级的准退休高管有关,但在我看来,更加重要的原因是缺乏制衡的股权结构,没有办法为可能做出正确判断并坚持自己观点的外部董事"伸张正义"。在这样"一言堂"的治理氛围中,少数看出问题的外部董事又何必自讨没趣呢!

我也注意到,虽然很多人依然为之惋惜,但监事制度的改革已箭在弦上。其实监事制度一定程度的失败是在为外部董事制度运行无法实现预期的目标敲响警钟。因此，我们不应对引入外部董事（监事），提高外部董事比例就可以完善国企的治理结构有太多的期待。

经过几轮的改革，国企的公司治理基本架构已经初步搭建。国企改革完成的内容包括公司制改造、董事会独立性的提高，以及在金融机构中全面引入独立董事制度等。之前完成的内容则包括上市公司推出独立董事制度、从以聘请职工监事为主到改由上级股东外派监事等，即便ESG、女性董事等这些公司治理的国际前沿热点话题开始进入我国国企公司治理的视野。

现在摆在很多国企面前的突出问题是如何提升治理效率。这里所谓的治理效率指的是如何在已经搭建的公司治理架构下以更低的成本实现"确保投资按时收回并取得合理回报"（施莱弗语）这一治理目标。

建立公司治理制度是一家现代企业组织在所预期的完善公司治理制度、降低代理成本所带来的收益与建立和运行公司治理制度所带来的成本二者之间进行的权衡和折中。现代股份公司不仅依赖经理人薪酬合约设计、董事会监督等内部治理机制，还依赖外部法律环境、媒体、接管威胁甚至市场做空力量等外部治理机制。而对于业务活动相对单纯的证券投资基金，借助有限合伙投资协议这一内部治理机制和基于基金排名建立的证券投资基金声誉这一外部治理机制两项就能够建立基础的公司治理构架。这事实上成为董事会在同样面对代理冲突的证券投资基金的治理构架中缺席背后的原因。

证券投资基金的治理制度安排带给我们的一个启发是：作为现代股份公司治理核心的董事会对所有现代企业组织也许并非都是必

需的。如果通过经理人薪酬合约设计能够解决一家现代企业组织所面临的大部分代理问题，那么就没有必要付出高昂的成本，聘请独董，组成董事会。

设计公司治理制度本身也是一个在经济学上收益和成本两难冲突下的最优选择问题。设立董事会只是一个追求价值最大化的企业可能做出的选择之一。在伯克希尔·哈撒韦，巴菲特并不依靠薪酬合约设计，也并不指望外部董事在监督过程中发挥重要作用。由于掌握了合伙这一"激励相容"治理原则的精髓，在巴菲特看来，设计复杂的经理人薪酬合约和类似于安然董事会那样的全明星阵容纯粹是浪费股东的投资。

那么，国企在初步搭建公司治理架构的基础上该如何提升治理效率呢？

首先，在董事会层面，我们应该强调，"对于外部（独立）董事，没有制衡的股权结构，无法发挥外部董事监督的有效性"。

我们知道，股东由于受益顺序排在最后，能够为所做出的错误决策承担责任，成为"公司治理的权威"（哈特语），董事因此在法律上对股东负有诚信责任。但我们并不能因此在一股独大，大股东对董事会组织和运行大包大揽、一手遮天的前提下要求一位（独立）董事从保护外部分散股东的权益出发去挑战股东的权威，这样要求无异于对董事的道德绑架。制衡的股权结构能形成一种自动纠错机制。外部董事挑战主要股东，需要董事会中的其他股东为其"伸张正义"。因此外部董事发挥治理作用的前提是为数不少的股东认同他的行为。就公司治理效率而言，一家100%控股的公司与其引入独立董事，不如聘请专业咨询机构。

因此，我们不应该简单苛求一家国企的外部董事认真履职，而是应该检讨，我们是否能够通过形成制衡的股权结构为其积极履职提供伸张正义的制度环境和营造相应的文化氛围。国企外部董事发挥作用的先决条件是通过混合所有制改革形成制衡的股权结构。不试图改善履职的制度环境和文化氛围，而一味强调提高外部董事的比例，无异于缘木求鱼。

其实设计公司治理制度与公司治理的流行实践是一致的。例如，为什么证券投资基金业务中不是必然需要设置董事会？为什么巴菲特本人并不看好独立董事？等等。我们不能为了无谓的目的不计成本地引入独立董事，增加公司治理制度设计上的复杂性。

我想，做到了这些，国企的公司治理效率自然就会提高，围绕投资管理的公司治理构架，国资将不仅"形似"，而且"神似"。

10.2 如何设计独董相关制度才能使独董变得"既独又懂"？

上市公司财务造假无疑是任何资本市场健康发展的一大毒瘤，在任何国家都将遭到最严厉的打击。2021年引发舆论热烈关注的中国代表人诉讼第一案康美药业案的初衷是以法治的力量打击财务造假，但意外"受伤"的却是独董和中国独董制度。

康美药业案引发了我国A股市场独立董事的连锁反应。一时间，独董辞职的公告有之，谴责独董辞职的公告有之，督促上市公司尽快发布独董辞职公告的公告亦有之。

同一时间，围绕中国独立董事制度的各种论调甚嚣尘上：有

"百无一用是独董""独董本是同林鸟，大难来临各自飞"的"怀疑论"；有"一个津贴只有十万元的独董如何负担超过一亿元的连带赔偿责任"的"同情论"；也有"还需要给独董严格履行连带赔偿责任更多时间"的"国情论"。

那么，独董在我国资本市场真的是"百无一用"吗？

网上曾经流传过一个段子：领导说了一个笑话，全办公室哄堂大笑，有抹眼泪的，有捂肚子的，有捶桌子的，只有小梅没笑……旁边同事边笑边问她："你怎么不笑啊？"小梅说："我已经辞职了。"看了这个段子，我的第一感觉是，这里讲的也许并非小梅的故事，而是独立董事的故事。

与存在职业依附关系的内部董事相比，来自外部、兼职性质和更加注重职业声誉的独董挑战董事会不尽合理决议的成本更低，更有可能在损害股东利益的议案上出具否定意见，真正履行董事会的监督职能。因而，独董是董事会履行监督职能的关键。

全球各国资本市场的普遍经验都充分地证明了一点，那就是，所聘请独董占全部董事会成员的比例所反映的董事会的独立性越高，董事会辞退不称职经理人的概率越大，最终公司治理效果改善和企业绩效提升的可能性越大。

看来也许并非独董制度这部经不好，只是"歪嘴和尚"把这部好经给念歪了。

那么，如何才能念好独董制度这部经呢？

距离 2001 年颁布推动我国资本市场建立独董制度的《关于在上市公司建立独立董事制度的指导意见》已过 20 多年，简单回顾中国独董制度这些年走过的历程，我们看到，对独董因没有尽到履职义务做出处罚,康美药业案并非第一次。早在 2001 年,郑百文公司因年报中存在严重虚假和重大遗漏,原独立董事陆家豪受到中国证监会的惩处:不仅被处以 10 万元罚款,还被禁止担任其他公司独董职务。然而,郑百文案后过去那么多年了,没见到有多少独董因为担心履职风险而辞职。康美药业案中独董承担连带赔偿责任同样事出"财务造假",这次为什么会有这么多独董辞职呢?

提请读者注意的是,在郑百文案中,对陆家豪的处罚只是监管处罚。这意味着未尽到履职责任的独董只要运气足够好,不要撞在"枪口"上,歌照唱,舞照跳;而康美药业案中相关独董受到的处罚则是民事赔偿,涉及法律对投资者权益的严格保护。

因而康美药业案是具有标志性意义的。它标志着我国独董制度从以往的"监管推进"开始走向"法治驱动"。因此,我在 FT 中文网我的专栏中写了一篇题为《中国独董制度:从监管推动到法治驱动》的经济评论文章。看来作为社会精英的独董从来都是理性的:早年在郑百文案后依然对独董职务趋之若鹜是理性的,现在在康美药业案后纷纷辞职也是理性的。

那么,为什么中国独董制度在"监管推进"下并未发挥预期的作用呢?

我们至少可以找到以下几方面的原因。

第一个原因是监管推进政策具有的导向不一致性使很多独董心存侥幸。今天,一家企业发布严重虚假信息,经媒体曝光,引发股价急剧波动,财务造假就成了"资本市场健康发展的毒瘤",违者将严惩不贷。明天,为了引导上市公司关心股价,推动新一轮牛市的来临,企业的市值管理行为就会受到政策的广泛鼓励,一定程度的盈余管理甚至会计操纵就可能被接受为企业发展的"润滑剂"和"调节剂",于是,监管当局把原来对财务造假睁着的两只眼睛"闭一只",甚至干脆把两只眼全部闭起来。

第二个原因是监管政策"一刀切"将不可避免地带来制度的扭曲。一项提升公司治理有效性的制度一旦变为合规性要求就失去了其原有的政策效力,必然产生各种激励扭曲。我们以独董在董事会成员中占比不少于三分之一的规定为例。

在我国资本市场,独董可以连任两届,每届三年。由于三分之一的规定似乎变成一项合规性要求,在一些公司看来,是新任独董还是返聘独董其实并不重要,只要达到三分之一就好。因此,我国一些上市公司中出现了在一些国家不再被认为是独立董事的返聘独董。而我们的一项研究表明,这些被返聘回来的独董往往倾向于帮助内部人一起干坏事。

独董返聘现象其实只是僵硬的监管政策带来的诸多制度扭曲中的一个典型故事而已。

康美药业案引发那么多的独董辞职事实上暴露出一个"惊天秘密",那就是,对于独董制度,法治驱动也许比监管推进更加容易奏效。

那么,如何使中国的独董制度在法治驱动下更快地"上路"呢?

第一,针对原有中国独董制度在监管推进过程中已经暴露出来的明显弊端,我们主张取消独董占比三分之一的严格限制,使独董由原来的合规性要求还原为董事会履行监督职能的关键。

这样做至少有以下两方面的好处。其一是从原来合规性需要出发不得不聘请独董,到希望听到不同声音、听到专业意见的上市公司心甘情愿花钱请独董。

设计独立董事制度的初衷是鼓励上市公司花钱买对上市公司而言十分重要的别人向你说"不"这一"商品"。但在现在的"三分之一限制"下,这些被指望来说"不"的独董变成是否合规的要件,独董说不说"不"反而变成第二位的。在这样的扭曲设计下,独董不说"不"是十分正常的,独董说"不"反而成为十分"稀缺的商品"。这在一定程度上意味着,上市公司花了买(独董)说"不"的钱,却没有真正得到希望得到的(独董)说"不"这一商品。

美国在安然会计丑闻爆发的背景下出台了《萨班斯-奥克斯利法案》。该法案围绕公司内控提出的很多严苛的要求反而成为很多企业难以承受的负担。一些学者甚至指责该法案犯了一个"昂贵的错误"。

其二是还原独董制度同时具有的向资本市场传递公司治理结构完善程度的信号功能。

在取消现在的"三分之一限制"后,一家没有或不敢聘请独董的公众公司的治理状况无疑令投资者担忧。而一家敢于聘请更高比例独董的公司将向资本市场传递更强的公司治理结构完善的信号。一家公众公司聘请的独董占比越高,表明这家公司对公司治理结构的完善程度越自信,向投资者传递的公司未来发生财务造假的可能性越小的信号越明确。

资本市场将向那些敢于聘请更高比例独董的公众公司支付高的溢价。这集中体现在,那些敢于聘请高比例独董的公司的股票将受到投资者的追捧。为了迎合资本市场中投资者的上述偏好,高比例聘请独董将成为上市公司治理制度建设的潮流和趋势。

一个也许让那些主张三分之一限制的监管政策设计者和专家学者始料不及的结果是,尽管取消了独董占比的限制,但上市公司却选择聘请更多的独董。而在目前已经一定程度上演化为合规要求的独董占比三分之一要求下,我们看到,绝大多数公司选择聘请的独董数量绝不会多于三分之一,当然也绝不能少于三分之一。

来自美国外部董事实践的一个有趣观察是,美国只是在相关法律和判例中鼓励保障审计委员会的独立性,但并没有严格要求独董比例。例如,《萨班斯-奥克斯利法案》中没有规定公司董事会中独立董事的比例,仅要求公司聘请专门审计内部控制的审计师,以此加强公司审计委员会的独立性。美国证券交易委员会(SEC)负责对独立董事的范围以及认定标准进行界定,但也没有明确指出独董的比例。

纳斯达克证券交易所发布的上市指引中,只是对董事会下属的各个委员会中独立董事的比例有建议,例如建议审计委员会、薪酬委员会中全部为独立董事,提名委员会中大部分为独立董事等;纽约证券交易所发布的上市指引则建议拟上市公司董事会的审计委员会、薪酬委员会、提名委员会全部由独立董事构成。

虽然相关法律和法规对上市公司独立董事的比例并没有太严格一致的规定,但按照 Spencer Stuart 管理顾问咨询公司的报告,在 2020—2021 财年美国标普 500 公司董事会平均 10.8 人的规模中,独立董事平均为 9.3 人,占比达 86%。

第二,针对康美药业目前的代表人诉讼制度所暴露出来的潜在问题，我们主张未来逐步取消针对发起诉讼的代表人的特许甚至垄断。

针对代表人的特许甚至垄断无形中将提高小股东发起集体诉讼、用法律武器维护自身权益的门槛。不要忘记的是，从新《证券法》允许代表人诉讼到中国代表人诉讼第一案康美药业案的宣判历时1年多；同样不要忘记的是，光2020年一年中国证监会共做出行政处罚决定342件，其中又有多少问题公司最终遭到集体诉讼呢？！

针对代表人的特许甚至垄断无疑依然具有一定的监管痕迹和色彩：请代表人在必要时"把把关""做一下选择取舍"来体现和落实监管意图。因此，在康美药业案宣判后，我曾经在FT中文网的专栏中写了一篇题为《康美药业后，中国式集体诉讼还可以走多远？》的经济评论文章。

第三，针对公众舆论反响较为强烈的独董薪酬设计问题，我们主张未来也许可以尝试允许上市公司向独董授予一定比例的限制性股票或股票期权，来补充目前的固定津贴。

限制性股票或股票期权一定程度上将独董履职行为内部化为像"股东一样思考"的激励下的独董自觉行为，损害股东利益就是损害独董自身利益。而基于目前固定津贴带来的激励效果，独董更多思考的是如何免责，平安度过六年两届任期。

限制性股票或股票期权强调长期性的设计特点决定了独董将关注企业长期发展，甚至在结束独董任期离开公司后，依然作为股东关心上市公司的未来。因此，敢于接受公司聘请的独董事实上不仅是做出了一项未来严格履职否则声誉受损的承诺，而且是在自觉付出与自己利益密切相关的监督努力。

用（董事责任险）保险对冲风险是面临风险的任何市场主体自发的本能反应，却未必是最好和最有效的应对。有研究表明，董事责任险增加了独董的道德风险倾向，使独董选择逃避原本应该承担的监督职责。这意味着董事责任险在对冲了独董承担的履职风险的同时，把独董的部分履职责任也对冲掉了。董事责任险与固定津贴使独董成为市场化程度最高的资本市场中依然在"吃大锅饭"的特殊群体。

这一现在看起来似乎有些大胆的设计其实同样源于对美国外部董事实践的观察。在美国外部董事占比很高的公众公司的董事薪酬中，股权激励占了较大的比重。同样按照 Spencer Stuart 管理顾问咨询公司的报告，在 2020—2021 财年，在外部董事平均占比超过 86% 的标普 500 公司的董事薪酬构成中，有 61% 为股权赠予和股票期权等激励，只有 37% 为现金报酬。其中，在标普 500 公司中，有 2% 的董事会选择全部以股票的形式支付报酬。

而在我国独董薪酬实践中，独董则明确被排除在股权激励计划的受益对象之外。

我们看到，在上述独董制度设计下，原本希望花钱买（独董）说"不"的上市公司将听到独董自觉自愿履行监督职责下的说"不"声音。一个没有尽到说"不"监督职责的独董一方面将承担股东集体诉讼下的连带赔偿责任，另一方面将直接影响自己持有的限制性股票或股票期权的解禁和行权。从希望听到更多说"不"声音的目的出发，投资者将鼓励上市公司聘请更多的独董，同时为那些敢于聘请高比例的独董的上市公司支付高的溢价。

我们希望经过上述三个方面的制度调整，中国独董制度能够进入法治驱动下完善和发展的快车道。

在未来中国资本市场，独董将成为一个具有高职业门槛和专业素养，以现任和前任经理人为主的群体。一旦接受上市公司的聘任，这些希望着眼于长期和未来的经验丰富的独董一定会在该说"不"时说"不"，以切实履行对股东负有的诚信责任，帮助董事会及时纠偏和改善决策。上市公司董事会不仅会坦诚面对这些具有良好职业素养和丰富经验的独董说"不"，而且会发自内心、自觉自愿地希望聘请更多这样敢于说"不"和能够说"不"的杰出独董。

只有这样，未来中国资本市场才能真正实现杰出的独董以曾经为优秀企业服务为荣，而优秀企业则以能聘请到杰出的独董为傲。

10.3　独董履职与董事会制度文化建设

2022 年莱宝高科独立董事蒋大兴教授的辞职是继 2021 年 11 月康美药业独董天价赔偿之后围绕独董履职新的重大公司治理事件。

客观地说，在康美药业独立董事过亿元的惩罚性赔偿后，很多独董切身感受到担任独立董事面临的巨大风险。出于规避风险的本能反应与一种情绪性的表达，蒋大兴教授的包括辞职在内的一系列行为反应也在情理之中。我注意到，蒋大兴教授在之前的一个提案中已经出具过反对票，所以这次的反对票也是对上一次反对票行为的一个延续。

这次莱宝高科事件在某种程度上可以被视为一个良好的推动独立董事严格履职的契机。对于这一事件的发生，我觉得公司治理的理论界和实务界可以从以下两个方面进行反思。

其一,独董履职如何在董事会内部实现专业化分工。我们知道,中国 A 股目前采用的董事会组织模式,既包含所谓的德国双层模式元素,也包含英美董事会负责监督和战略咨询的职能混合模式元素。虽然在董事会组织过程中,借鉴英美,采取职能混合模式,把监督职能和战略咨询职能同时放在董事会,但这并不意味着在董事会内部没有专业化的分工。按照现代效率原则,独董履职也是有专业化分工的。我认为,围绕会计信息准确程度,拥有会计专业背景的独立董事,特别是作为审计委员会的成员,其责任应该更大一些。对于拥有法学专业背景的蒋大兴教授,我认为他在公司的合规行为以及公司的法务事务部分应该扮演更重要的角色。各种专业背景应当有所侧重。

但是,康美药业独董天价赔偿给我们的一个印象是好像每一位董事都会平均地去承担由于财务造假导致的连带责任。因此,也就不难理解蒋大兴教授不得不围绕可能超出他专业范围的会计信息本身的准确性问题提出了很多质疑。当然,作为独立董事,提出这些质疑不是不可以,他从代表股东利益的诉求出发,完全有责任和义务履行上述职责。但是我认为,如果他在履职的过程中更聚焦于专业化分工,也许扮演的角色会更加精准。正是在上述意义上,我理解蒋大兴教授的本次履职行为可能在一定程度上受到康美药业案的影响。

其二,对于很多上市公司来说,在康美药业案发生之后,它们并没有从心理和物质上做好更好地应对诸如独董提出类似诉求的准备。对莱宝高科来说同样如此。上市公司习惯于在公司提交材料以后，独董说"是是是，好好好"，并没有想到独董骤然间会提出这样一个要求对相关会计信息进行核实的要求。我相信，包括莱宝高科在内的很多上市公司对此并没有足够的心理认知和心理准备，以至于独立董事蒋大兴教授围绕会计信息的真实性产生怀疑，要求重新聘请会计师事务所进行调查，乃至于发生了最后的辞职行为。

概括而言，莱宝高科事件是在康美药业案发生之后两方面因素共同导致的：一是康美药业独董的天价连带惩罚让很多独董感受到履职的巨大风险，甚至成为一种挥之不去的阴影，难免产生情绪波动，在相关的责任边界及对专业化分工的理解上产生了一些偏差；二是上市公司在康美药业案以后，没有对随之而来的独董可能做出的履职行为做好积极的应对准备，仓促应战，最终导致莱宝高科出现了这种尴尬局面。

蒋大兴教授提出重新聘请会计师事务所，原则上来说应该是合理的，独董应该可以通过这样的方式来获得补充信息。理论上来说，上市公司有责任配合独董完善相关证据，包括聘请独立的会计机构，当然这里存在一个程序问题。这里我建议，监管规则未来要进一步降低这个门槛，鼓励独董要求上市公司聘请独立的审计专业机构来对专业的问题进行专业判断。事实上，这背后体现的也是专业化分工的逻辑，不是几个独董就可以包打天下。

上市公司对这个问题也要有充分的认识，如果自己的数据是真实的，那就可以通过独立的专业机构来调查，利用这样的方式取信于市场，取信于投资者，让股东更加放心。特别是在康美药业案之后，要鼓励上市公司在这个行为上更加主动积极，而不是设置各种门槛。我觉得这也恰恰反映了莱宝高科在这个问题上应对不足。

我注意到莱宝高科于 2020 年推出了员工激励计划，但它又不是一个严格意义上的股权激励计划——高管收入与经营业绩挂钩。这个与经营业绩挂钩的激励计划将带来一个激励效应——使相关员工更加努力工作，这是一个正效应，但也可能产生激励扭曲。这里的激励扭曲指的是如果片面地把收入与经营业绩挂钩，就可能出现盈余管理倾向。我理解，这是蒋大兴教授提出的质疑在理论上的合理之处，但反过来说，至少从目前的回复和短期绩效来看，并不十分支持这个问题。对这一问题的担心需要长期观察，在比较短的时间内还无法看出来这个问题。

未来，我理解，在康美药业案这样的大背景下，类似莱宝高科的独董履职争议事件可能会越来越多，我觉得需要从以下三个方面来加以改进。

其一，对于独董履职的边界和细则需要有更加清晰的法律和监管界定，应明确规定独董在什么样的情形下可以免责，有了免责的边界，也许独董就不需要去跨界做专业以外的事情。因此，法律和监管层面未来要更加清晰地界定独董免责的边界，帮助独董更加有效地履职。

其二，独董应该清楚自己的职能定位以及自身的专业边界。独董之所以要聘请独立的审计机构，恰恰是由于独董参加了几次会议，审阅了几个报告，但这样独董就能对公司的所有信息做到全面了解吗？我认为这是不可能的。因此，独董就不得不借助公司的内控系统，借由外聘的审计机构来通过专业化分工更好履职。而公司外聘的审计机构如果在相关的审计工作中出具了虚假报告将同样面临严厉的惩罚。

独董履职要有专业精神，在所擅长的领域发挥专长。董事会内部也是有专业化分工的，比如会计专业背景的独董可以借助独立的审计机构扮演更加积极的角色，这样对未来双方避免更多的冲突有帮助。

其三，上市公司应在康美药业案之后对独董因在履职过程中的担心所可能产生的过激行为进行必要的准备。在治理规范过程中，上市公司需要持一个更加积极审慎的态度，不能仅仅依靠管理惯性来维持。上市公司同时要持开放包容的态度，毕竟独董提出这种质疑对上市公司的治理改善有帮助。如果信息是真实可靠的，就不应该以各种借口来敷衍塞责。可以帮助独董去聘请他找来的审计机构做核查，来进一步判定信息的真实可靠性。尽管可能要付出必要的成本，但这个成本对于安慰市场、投资者，乃至于安慰独董本身都是必要的。

从莱宝高科独董请辞事件来看，我注意到，他们双方也在努力尝试建立一种新的沟通机制。这使未来上市公司探索建设新的董事会文化迈出了积极的一步。这事实上是董事会文化建设的一个必要元素和环节，即鼓励公司在做出一个重大决议之前，在董事会内部，尤其要与独董进行充分的沟通。董事会要持开放和包容以及容错的态度，允许独董大胆地提出质疑，因为聘请独董的目的，就是希望听到他们理性的批评声音，帮助公司改善经营管理、完善治理结构，这是一个自动有效的纠错机制。上市公司高管层要充分认识到，独董不是公司的敌人，而是公司非常重要的战略同盟，甚至是亲密的朋友。对于上市公司如何有效地与独董保持畅通的沟通，莱宝高科事件成为一个非常好的经验教训类案例。

从董事长层面来说，董事长作为董事会的召集人，在这个过程中扮演了非常重要的居中协调角色，而不是简单地自认为站在公司的一方，把提出质疑的独董作为对立的另一方。董事长要耐心倾听董事的意见，协调各利益相关方的主张差异。董事长对自己的上述定位首先要有一个清晰的认知。在这次莱宝高科事件中，对于康美药业案之后突然出现这样的行为，董事长仓促应战，准备不足，没有这种认知预期，这也是可以理解的，也是应该包容他的地方。

对于 2021 年 11 月的康美药业独董天价赔偿，我认为是中国独董制度建设过程中的标志性事件，甚至是里程碑式事件。以往，董事会的履职过程都是通过监管来推进的，有各种各样的监管处罚，包括更早期的郑百文案。尽管郑百文的独董也是受过监管处罚的，但我们并没有看到独董在履职方面有更多的改善。所以，我认为康美药业案发生之前，独董履职的这种监管推进作用是有限的。在康美药业案发生之后，我们会发现这个案件是基于特别代表人诉讼制度下的法律诉求来对投资者的权益进行法律保护。我认为，围绕独董履职的制度建设由此进入了一个新的时代，那就是独董履职的法治驱动时代。这种法治驱动使得独董的履职风险几何倍增加。

康美药业案之后独董的辞职潮表明，"南郭独董"已经混不下去了，独董在履职方面将面临很高的风险。在我看来，莱宝高科独董辞职事件已成为法治驱动时代的一个新的表征。它表明独立董事群体变得非常敏感，犹如惊弓之鸟，要想尽各种办法去避免可能产生的各种潜在连带责任，甚至达到了草木皆兵的程度。

对于改善独董履职的有效性，一个值得借鉴的公司治理举措是在上市公司董事会中设立首席独立董事。如特斯拉就有着非常典型的首席独立董事制度，它的作用在于对兼任董事长的创始人形成制衡。这不仅是公司治理架构制衡逻辑的很好体现，也是独董在公司治理中扮演关键角色的体现。

设立首席独立董事的好处在于：一是可以明确首席独立董事的责任，从而避免以往的独董职责不清、履职边界模糊的问题，首席独立董事有着比其他独董更多的责任；二是当其中某位独立董事有具体的诉求时，可以通过首席独立董事来表达，形成一个独立董事团体的意见，增加独立董事在董事会中的影响力。首席独立董事由此能够起到更好的制衡和协调作用。

让我们设想，如果莱宝高科设立首席独立董事，独董履职事件会如何演变呢？我猜测，理论上，一是独董会有更明确的责任边界，二是有助于独董形成一个团体力量，从而加强他们对现在的股权股东或大股东的制衡。当然，故事可能会朝着两个方向演进，冲突也有可能更加激烈。为什么说更加激烈呢？在莱宝高科事件中，蒋大兴教授的观点最后可能会影响首席独董的观点，最后形成独董团队整体对其他股权股东的对抗，这也是有可能的。但也有可能由于首席独立董事的存在，独董团队内部做了充分的沟通后，就把这个问题压了下来。因此，故事演进的两种方向都是有可能的。尽管如此，我还是认为设立首席独立董事要比不设立好一些。这也是未来我国上市公司治理制度建设值得借鉴的一个重要方向，即鼓励更多的上市公司引入首席独立董事制度。

我在这里预言，未来一段时间，A股可能还会有为数不少的类似莱宝高科独董履职争议事件发生。这是前面提到的在康美药业案后独董履职时由于惊恐过度导致的过度反应。这也是一个正常的理性反应过程,相信一段时间以后,大家都会趋于平静。

我认为,一个杰出的独董应该以为一个优秀的企业服务为傲,反过来,一个优秀的企业应该以聘请到一位杰出的独董为荣。双方要形成一种共识:上市公司之所以要聘请独董,恰恰是希望他在一些重要问题上提出批评,避免盲目决策。公司要有一个包容支持的态度,从而能够使独董帮助公司修正决策错误。当然,法律和监管对独董履职免责的边界要给出一个清晰的界定,未来独董才能勤勉尽责地履职。

从康美药业案到莱宝高科事件的发生,表明独董履职还处于一个阵痛阶段。但莱宝高科的这一事件也向资本市场传递了一个积极的信号,它表明独董的履职意识在增强,独董在促进上市公司完善治理结构上将扮演更加积极、关键的角色。我对康美药业案后法治驱动下的独董履职,独董逐步摆脱花瓶、表决机器这样的角色,成为上市公司公司治理制度建设中的中坚力量持乐观的态度。

10.4 上市公司独立董事制度变革的核心逻辑

2023年4月,国务院办公厅印发《关于上市公司独立董事制度改革的意见》(以下简称《意见》),不久中国证监会即发布《上市公司独立董事管理办法》(以下简称《办法》),我国上市公司独立董事制度迎来制度变革的重要窗口期。

在接受一家媒体的采访时,我用三句话来总结这一轮独立董事制度变革的"亮点":其一,独董的角色从原来的"配角",开始走向舞台中央,部分扮演"主角";其二,独董的履职从原来的"业余",开始逐步转向"专业";其三,独董的职责从原来的"笼统",开始变得"明晰"。

那么,我们究竟应该怎样理解这一轮独立董事制度变革的核心逻辑呢?

第一,独董的角色从原来的"配角"转变为未来的"主角"。

之前独董比例不少于三分之一的规定使聘任独董异化为一项上市的合规性要求。这意味着一家公司只要上市就需要聘请不少于三分之一的独董。至于独董在公司治理实践中究竟扮演什么角色不是一家上市公司及其主要股东十分关心的。在上述认识下,历史上我国一些上市公司出现了十分有趣的独董返聘等现象,即在独董六年两个任期结束后,经过一个短暂的间隔,上市公司重新把该独董聘请回来。在这些上市公司的眼中,独董显然是用来跑龙套的配角,只要有就可以了,至于是新聘的还是返聘的并不重要。而我和我的团队开展的研究表明,如果一家公司存在返聘独董现象,将不可避免地形成任人唯亲的董事会文化,未来该公司遭受监管处罚的概率将增大。可见,这些返聘的独董是用来和内部人一起"干坏事"的。事实上,在一些国家,独董任职超过一定年限就不再被认为是独立董事。

而新一轮独立董事制度变革有望使独董从后台走向前台,从舞台边缘走向舞台中央,甚至从配角变成主角。这主要体现在以下两个方面:其一,《意见》提出,在董事会的审计委员会、提名委员会和薪酬与考核委员会等董事会专业委员会中,独董要占到多数,其中,审计委员会成员需全部由非执行董事组成;其二,《意见》提出,建立全部由独董参加的专门会议机制,关联交易等潜在重大利益冲突事项在提交董事会审议前，应当由独立董事专门会议进行事前认可。

第二，独董的履职从原来的"业余"转向未来的"专业"。

在2023年修订通过的《公司法》中，无论有限责任公司还是股份有限公司均可以不设监事会（用董事会中的审计委员会代替）。这意味着，未来我国上市公司董事会组织开始从以往的双层模式向职能混合模式靠拢。我们把董事最重要的两项职能"监督职能"和"战略咨询职能"混合在董事会中（其中董事会的监督职能与监事会的监督职能重床叠架，这是监事会制度改革的诱因之一）。在职能混合模式下，独董既要履行监督职能又要提供战略咨询，以至于一些法学背景的独董把太多的注意力聚焦于会计信息失真这一会计专业的问题，不可避免地和上市公司发生冲突。

新一轮独立董事制度变革强调由更具专业背景的独董等组成的不同专业委员会在各自擅长的领域发挥更加积极的作用，让专业的人去做专业的事。这意味着，尽管我国上市公司董事会组织采用的是职能混合模式，但并不意味着董事会内部不需要专业化分工，事实上只有专业化分工才能最终提高上市公司的治理效率。《办法》中提出，一位独董兼任上市公司独董的数量从五家调整为三家，这同样是出于对上述专业化履职逻辑的考量。

第三，独董的职责从原来的"笼统"开始变得"明晰"。

在英美等成熟的市场经济国家，上市公司由于股权高度分散，并不存在持股比例较高的大股东，因而公司治理实践中形成了所谓的董事会中心模式。这不仅体现在董事会的组成中除了CEO外其余全部为独立（外部）董事，而且体现在包括CEO和董事在内的董事会的更迭换届全部由董事会自身完成（一些国家的上市公司普遍采用交错任期的董事会制度，每次更换其中的三分之一）。与英美等国的公司治理实践不同，我国绝大多数上市公司存在着持股比例不低的主要股东，这些主要股东在该公司包括董事的遴选和聘请等事务中扮演着主导角色。一些一股独大的企业甚至在董事会组织中大包大揽，不惜超过持股比例超额委派代表自己利益诉求的股权或股东董事。如果我们把英美等国上市公司的董事会组织和运行称为董事会中心模式，那么，我国上市公司的董事会组织和运行显然是大股东中心模式。以往我们并没有对代表部分主要股东利益诉求的股权董事和更多代表全体股东甚至中小股东利益诉求的独立董事的职责做出明确区分，只是笼统地强调所有董事（既包括股权董事又包括独立董事）在法律上向全体股东负有诚信义务。

在这一轮变革中，《意见》明确提出，独立董事与非独立董事承担共同而有区别的责任。按照责任与权利相匹配的原则，兼顾独立董事的董事地位和外部身份导致的信息不对称、履职依赖公司配合等特点，《意见》强调，在董事对公司董事会决议、信息披露负有法定责任的基础上，有针对性地设置独立董事的行政责任、民事责任认定标准，结合独立董事的主观过错、在决策过程中所起的作用、了解信息的途径、为核验信息采取的措施等情况进行综合判断，合理认定独立董事承担民事责任的形式、比例和金额，实现法律效果和社会效果的有机统一。这意味着，未来独董在监管处罚和集体诉讼下的民事赔偿责任将与股权董事存在差异，独董的职责有望变得明晰。

事实上，除了上述三个方面的亮点，这一轮独立董事制度变革还存在其他闪光之处。概括而言，体现在以下几个方面。

其一，虽然规定了独董比例不少于三分之一，但同时规定了在董事会的主要专业委员会中独董占多数，这事实上变相鼓励上市公司聘请更多的独董。传统上由于一刀切的独董三分之一比例的规定，聘任独董异化为一项合规要求。而当每一家上市公司的独董比例都为三分之一时，一家优秀的公司通过聘请更高比例独董向资本市场传递积极规范的公司治理信号的功能就被扭曲和消失了。随着未来独董将在专业委员会中占多数成为事实，上市公司将会聘请更多的独董。与此同时，一些公司将通过聘请更多的独董向资本市场明确发出规范公司治理的信号。因而，中国上市公司独董比例和独董比例提高向资本市场传递信号的功能恢复值得期待。作为对照，2020—2021年，在美国标普500公司的董事中，外部董事占比达到了86%。

其二，虽然没有正式引入首席独立董事制度，但是通过在关联交易等事项上全部由独董参加的专门会议做前置讨论，事实上，在一定程度上变相形成了类似的首席独立董事制度。从2010年上市之初，特斯拉即开始设立首席外部董事，目前的首席外部董事是Antonio Gracias。其背后重要的考量是通过设立首席外部董事，形成对持股比例较大的长期担任董事长的马斯克和后来在马斯克被监管当局禁止担任董事长后出任董事长的马斯克的弟弟的制衡。

其三，虽然没有明确我国上市公司董事会组织和运行的大股东中心模式，但通过承认独董和股权董事在相应的责任与权利上的差异，事实上变相承认了我国上市公司中的董事会组织与运行是大股东中心模式，而不是英美等国家通行的董事会中心模式。

其四，虽然没有明确在董事会组织和运行中进行专业化分工，但通过强调专业委员会在相关议案讨论中的重要性，变相地强调了董事在履职过程中的专业化分工，即由专业的人做专业的事，不再是"眉毛胡子一把抓"。

其五，虽然《意见》只是再次提及设立累积投票制、董事责任险制度等这些成熟市场经济国家公司治理实践中的惯常做法，但在独董制度整体变革的背景下，有望把这些被实践证明的成功经验更好地应用于中国上市公司的治理实践。我们以累积投票制为例。累积投票制的核心逻辑是通过把投票集中（例如选十位董事，持有一股的股东有十票。在累积投票制下，他可以把十票集中投给他中意的一位董事），让代表中小股东利益诉求的董事胜出，以此来保护中小股东的利益。在《公司法》和上市公司的公司章程中，很多公司的股东对累积投票的相关规定也许并不陌生。但我们必须承认的是，通过累积投票制产生的独董甚至董事很少。这一方面是由于一些公司的主要股东的持股比例足够大，不需要累积；另一方面则是由于中小股东人微言轻，并不愿意在选举代表自身利益诉求的董事方面积极作为，更多消极地选择"以脚投票"。如果希望未来独董累积投票制能有效实施，必然需要相应地对提名委员会履职程序、提名候选人是否差额、独董候选人信息的发布时间和途径等方面做出调整，以适应上述变化。

一家优秀的企业之所以愿意聘请一位杰出的独董，恰恰是希望着眼于长期和未来的经验丰富的独董在该说"不"时能说"不"，以切实履行对股东负有的诚信责任，帮助公司及时纠偏和改善决策，使公司保持优秀和卓越。我们看到，这一轮变革为我国上市公司独立董事制度建设实现上述理想迈出了坚实的一步。

10.5　独立董事制度改革的一些前瞻性思考

中国证监会继国务院办公厅印发《意见》后，发布《办法》。在本书中，我想围绕独董的薪酬、独董的提名和独董履职的评价三个方面分享我对独立董事制度改革的一些前瞻性思考，作为我对"独立董事管理办法"完善的几点建议。

第一，关于独董的薪酬。

围绕独董的薪酬，《办法》的表述是："上市公司应当给予独立董事与其承担的职责相适应的津贴。津贴的标准应当由董事会制订方案，股东大会审议通过，并在上市公司年度报告中进行披露。"事实上，围绕如何向独董发放薪酬，甚至是否应该向独董发放薪酬，长期以来一直有争议。理由是"吃人家的嘴软，拿人家的手短"，如果向独董发放薪酬，如何保证其独立性？所以，在中国的公司治理实践中，对于独董薪酬问题，始终是遮遮掩掩，欲罢还休，从曾经的"车马费"到如今更为通用的"津贴"莫不如此。

但问题是，"没有免费的午餐"，没有好的激励报酬，又如何能够聘请到优秀的独董帮助所有权与经营权分离的股东监督经理人，确保股东投资"按时收回，并取得合理回报"呢？像所有被雇佣和聘请的代理人一样，这里既有被雇佣者努力付出（负效用）的补偿问题，又有被雇佣者被雇佣的机会成本损失补偿问题，还有被雇佣者作为私人信息的代理人被鼓励说真话的信息租金获得问题。

独董的薪酬问题不是应不应该向其支付薪酬的问题，而是如何向其科学合理支付薪酬，使其积极履职的问题。因为独董积极履职，减少的股东利益损失也许比给予独董的有限报酬多得多，这对于股东是一件只赚不赔的好事。

在 2021 年康美药业案后，面对集体诉讼下潜在的天价民事责任赔偿，独董成为高危职业，一些独董纷纷辞职，一度出现独董辞职潮。尽管《意见》强调独立董事与非独立董事承担共同而有区别的责任，但独董责任加重的趋势自不待言。在独董责任日渐加重的背景下，我倒是主张，借着这次《办法》出台的契机，与其轻描淡写一笔带过地谈独董津贴，不如光明正大和名正言顺地提出独董的薪酬问题。薪酬就是薪酬，不用犹抱琵琶半遮面地说什么津贴。

在具体操作环节，未来也许可以考虑独董的薪酬由以下三个部分构成。其一是独董的基本薪酬部分，主要是基于对成为独董的行业精英人士的声誉的机会成本的补偿。在同一家上市公司服务的所有独董的基本薪酬相同，由公司董事会根据公司所在行业的平均基本薪酬水平、公司经营状况和公司规模灵活确定。其二是独董的差别化薪酬部分。这部分一方面是对与参加会议和调研次数的多寡挂钩的负效用的补偿，参加上市公司组织的董事会会议和调研越多，这部分的薪酬就越多；另一方面是对担任董事会专业委员会主席和委员等不同职务所承担风险的补偿。在美国上市公司中，由于履职过程中承担更高的法律风险，董事会中的审计和风险委员会成员通常获得的职务承担风险补偿是其他专业委员会成员的 1~2 倍，专业委员会主席在成员的基础上有更高的风险承担补偿。

关于独董薪酬的第三部分，我这里提出的大胆建议是，未来可以鼓励一些成熟的上市公司试点独董股权激励计划。长期以来，独董被排除在员工持股计划实施对象之外，股权激励计划从来不与独董沾边。这一方面是由于股权激励计划在很多上市公司中对于高管薪酬依然不是普遍做法，更何况是对于兼职性质的独立董事；另一方面则仍然与之前保持独董独立性的顾虑有关。然而，如果上市公司能把独董现金薪酬的一部分以股票薪酬形式发放，从而授予独董股权激励，则不仅可以减少上市公司当期的现金支付，优化独董薪酬结构，更加重要的，结合中国A股市场独董两届六年的任期，它可以很好体现股权激励计划"金手铐"的设计理念。例如，我们可以规定，一位独董只有在任期六年内无过错，才可以在离开公司后行权。这意味着在独董任期内此举不仅通过股权激励使独董与公司股东的利益牢牢绑定在一起，而且独董在离开后依然会关心企业的发展，因为此时其已经成为股东。

我们以2023年3月倒闭被接管的美国硅谷银行为例。2022年硅谷银行金融集团外部董事的薪酬由以下三部分组成。其一是董事聘请费，2022年约为90 000美元，这是外部董事的基本薪酬。其二是出任董事会专业委员会委员或主席的风险补贴。其中审计和风险委员会委员的风险补贴是25 000美元，而其他委员会委员为15 000美元，主席在委员的基础上再加15 000～20 000美元不等，其中审计委员会的主席最高，达20 000美元。其三为每位外部董事约160 000美元的股权奖励（限制性股票）。每年构成外部董事薪酬的这三部分收入都会有一定比例的涨幅。例如，同时兼任审计委员会主席以及风险和财务两个委员会委员的Mary Miller在2022年共拿到175 000美元的现金薪酬和154 278美元的股票薪酬，两项合计达329 278美元。而上一年其两部分薪酬合计约为309 355美元。

当然，我理解，对于向独董授予股权激励的理念，目前很多人甚至一些上市公司的独董本身，还很难接受，我们需要足够的耐心等待上述认识的转变。尽管独董股权激励也许现在还很难被接受，但我主张至少在目前阶段，应该把独董津贴明确为薪酬，做到名正言顺。

第二，关于独董的提名。

围绕独董的提名，《办法》中增加了这样的表述："上市公司在董事会中设置提名委员会的，提名委员会应当对被提名人任职资格进行审查，并形成明确的审查意见。上市公司应当在选举独立董事的股东大会召开前，按照本办法第十条以及前款的规定披露相关内容。"与之前相比，这里有两点可喜的变化：其一是增加了提名委员会的审查环节，其二是对提名人的信披。其中，具有独董提名资格的个人与机构是上市公司董事会、监事会、单独或者合计持有上市公司已发行股份百分之一以上的股东，同时规定"依法设立的投资者保护机构可以公开请求股东委托其代为行使提名独立董事的权利"。与以往笼统地提及"由提名委员会提名"，未来市场和投资者有望通过这一环节的信披了解到这位独董候选人究竟是四类中的哪一类个人与机构提名的。

作为进一步增加独董来源多样性，进而保证独董独立性的新的尝试，《办法》新增了"依法设立的投资者保护机构可以公开请求股东委托其代为行使提名独立董事的权利"。最近和法律界人士围绕独董制度改革交流，发现他们的一个普遍担心是独董未来是否会直接由监管当局以及相关行业协会委派。因为如果那样做，将不可避免地出现委派问题、独董的连带责任法律界定问题，以及委派机构垄断可能衍生的腐败和设租寻租问题。这事实上也是我在很多场合明确反对以这样看似初衷很好的方式保证独董的第三方来源的担心所在。

值得高兴的是，我们的监管部门和中国上市公司协会对此有十分清醒的认识。《办法》提出，中国上市公司协会负责上市公司独立董事信息库建设和管理工作。上市公司可以从独立董事信息库选聘独立董事。对于我的相关质疑，相关人员十分明确地对我说，"不会从信息库向上市公司委派董事"，"信息库只是给独董选聘提供了一个渠道，但是不是必需的"。

围绕独董的提名，我的建议是，既然是为了增加独董来源的多样性，不如将"依法设立的投资者保护机构可以公开请求股东委托其代为行使提名独立董事的权利"改为"受符合要求的股东委托市场化的投票权代理机构基于委托协议授权行使提名独立董事的权利"，以此避免依法设立的投资者保护机构具有行政指定色彩。这样同时鼓励了专业的以营利为目的的市场化的公司治理服务提供机构以提供专业服务的方式介入上市公司治理结构的优化和完善。而在英美的公司治理实践中，或者出于理性无知，或者出于希望借助专业服务优化公司治理，股东们（主要是机构投资者）越来越多地把之前不得不亲力亲为的监督工作转包给更为专业的市场化的公司治理服务提供机构（例如ISS等），以提升治理效率。

对于提名委员会未来的改革方向，我的主张是提名委员会要回归到独立组织独董选聘和更迭的制度设计初衷，而不是履行提名的程序，公布内部人提供的独董候选人名单。换句话说，提名委员会的职责是组织公开透明的独董更迭的提名程序，而不是宣读内部人提供的独董候选人名单。具体而言，董事会提名委员会的工作程序由以下三个环节组成：其一是提名委员会独立委派第三方（中国上市公司协会独立董事信息库、市场化的公司治理服务提供机构和投票代理机构、猎头公司等）推荐独董候选人，尤其是大股东将不再成为独董候选人的提名人；其二是对被提名人的资格审核和协调董事会对相关独董候选人进行面试；其三是对独董遴选和候选人审查程序的公开信披进行监督。

第三，关于独董履职的评价。

既然是独董管理办法，必然涉及独董的履职评价问题。需要说明的是，非执行的独董与执行董事的评价体系完全不同。后者的评价直接与企业绩效挂钩，绩效好，执行董事按照事先制定的薪酬合约拿高薪天经地义。非执行的独董的履职评价则复杂得多。理论上，一个独董对有损股东利益的问题议案说"不"是其积极履职的表现，但我们不能根据一位独董是否说过"不"，或说"不"的次数来评价他的履职情况，甚至与独董的薪酬挂钩。同样重要的是，独董最重要的职能——代表股东监督经理人是一项具有非排他性和非竞争性的"准公共品"，不可避免地导致独董在监督经理人问题上出现搭便车倾向，说"不好"则大家都一窝蜂地说"不好"，说"好"则大家都说"好"，很难界定具体哪位独董最先发现问题和做出贡献。

鉴于独董履职评价的困难，《办法》像以前那样，对独董资格、兼职企业数量、参会次数和在任职的上市公司现场工作天数做出一些参考性规定。我理解，在注册制时代，围绕独董履职评价更重要的事来自以下两个方面，而且只能是"事后评价"：其一是对应该说"不"的问题议案没有说"不"和对违反信披制度的独董的监管处罚；其二是股东对违反诚信义务的独董的集体诉讼。

我们很难对一位独董的履职是否"称职"进行事中评价，甚至建议上市公司对其减薪或辞退。原因是，当我们能够识别一位独董"不称职"时，往往或者由于其已遭受监管处罚，或者其已面临股东的集体诉讼，而这些往往都发生在事后。因而，独董面对的更为现实的问题将是辞职不干和受到监管处罚，而不是得到一个不称职的评价。

但这并不意味着我们在独董履职评价上注定无所作为。也许"罚坏"很难，但独董履职评价可以"奖优"。做一个合规的独董不难，难的是做一个好独董。因此，独董履职评价的核心目标应该调整为：如何在坏公司中识别好独董，保护和鼓励好独董。例如，如果在关联交易议案中在独董出具了保留意见后，上市公司继续关联交易，由此受到监管处罚和集体诉讼，我们自然可以得到结论：公司是坏公司，但独董是好独董。我们要从潜在的问题公司中识别这样的优秀独董，让这些独董进入独董信息库，通过中小股东或其他机构提名，把他们推荐给那些需要加强监督、改善治理的上市公司。因而，围绕独董履职评价，我的建议是，从寄希望通过事中评价发现"坏独董"调整为更具现实和实操意义的识别、保护和鼓励"好独董"。

尽管存在很多争议，但由于提高了公司信息透明度和增加了内部人违规的成本，独董制度作为改善公司治理和保护投资者权益的流行实践和未来潮流，越来越赢得资本市场和社会公众的认同。印发《意见》和发布《办法》本身就是对这一认同的体现。

第 11 章
举步维艰的员工持股计划

11.1 经理人股权激励计划的重要性

作为对监督职能的进一步履行，董事会在（通过内控）确保准确向股东披露财务信息的基础上，往往会通过"挥舞大棒"和"抛出胡萝卜"来缓解经理人与股东之间的代理冲突。这里的"挥舞大棒"指的是，在绩效评估的基础上，董事会代表股东辞退不称职的经理人，因为经理人在法律上对股东负有诚信责任。而"抛出胡萝卜"指的就是经理人薪酬合约设计和实施。

我有时把经理人薪酬合约设计称作公司治理的灵魂，因为一个公司其治理制度设计的成败很大程度上与经理人薪酬合约设计是否有效密切相关，如果把激励做到位，很多其他问题会迎刃而解，经理人薪酬合约设计因而成为最重要的公司治理制度设计。对于国企，更是如此，"没有设计合理的经理人股权激励计划无以形成合伙人精神下的长期合作"。

尽管国企的经营管理实践中曾涌现出像宋志平、宁高宁等这样优秀的企业家，但国企准政府官员的考核和政治晋升制度难改其短期雇佣合约的本质，很多国企高管不可避免地出现短期行为。我注意到一个十分有趣的现象：国企发布 ESG 报告比民企更加积极。对于这一现象，一个可能的解释是国企高管慷股东之慨，收私人之利，何乐而不为？！

而通过经理人股权激励计划将实现短期雇佣合约向长期合伙合约的转化。没有股东怀疑年薪只拿固定十万美元的巴菲特会损害股东利益，因为他就是伯克希尔·哈撒韦最大的股东之一。我们总强调，国企中缺乏企业家精神，要千方百计培育企业家精神。其实赋予国企高管股权激励，这些高管自然就能显现出企业家精神。企业家精神是依靠制度设计来保障的，不是空喊口号喊出来的。这里的一个大胆的猜测是，如果股东有机会投票表决，宋志平、宁高宁等也许可以继续留任。

11.2 零成本员工持股计划：是股票奖励还是利益侵占？

早在 20 世纪 70 年代，美国经济学家詹森和麦克林就主张，面对与经理人之间的代理冲突，股东应该授予经理人股权激励，让经理人像股东一样思考，以此来协调股东与经理人之间的利益冲突。股权激励计划将经理人利益与股东利益牢牢绑在一起，像为经理人戴上了一副纯金打造的定制手铐一样，因此获得了"金手铐"的美誉。世界上最早的股权激励实践来自明清时期晋商商号中出银股的东家向掌柜授予的顶身股。

我们知道，员工持股计划是激励对象更广和受益范围更大的经理人股权激励计划,是经理人股权激励计划的扩大版和现实版。在设计逻辑与实施路径上,二者有异曲同工之妙。随着2014年6月中国证监会发布《关于上市公司实施员工持股计划试点的指导意见》,A股上市公司兴起员工持股计划热潮。截至2022年2月,A股上市公司已发布1500多份员工持股计划公告。在2013年启动的新一轮国企混改中,员工持股计划更是成为国企混改的标配。

我和我的团队注意到,近年来一些上市公司推出零成本员工持股计划。例如,2022年2月19日,东山精密发布2022年度核心管理人员和技术人才持股计划。该计划无须持有人出资,除开户费、手续费及有关税费等所需费用外,员工无须支付其他费用。股份源于公司此前回购的136.61万股股份。

需要说明的是,近年来实施零成本员工持股计划的上市公司不在少数。此外,还有为数不少的企业推出1元/股这样的被媒体形象地称为"骨折价"的员工持股计划。

按照我国相关监管规定,实施股权激励计划的股票的授予价格不得低于股票票面金额,原则上不低于市价的五折。但对于员工持股计划的股票的定价,《关于上市公司实施员工持股计划试点的指导意见》并未有明确规定。问题是,我们应该如何看待零成本员工持股计划呢?它们究竟是对内部人利益的侵占,还是对有功人员的股票奖励?

第一,从股票来源和解锁条件来看,一些零成本员工持股计划更像是基于主要管理人员的历史贡献而给予的股票奖励,成为现金薪酬发放的替代。

早期零成本员工持股计划的股票源于大股东无偿赠予。从2019

年开始,零成本员工持股计划的股票来源转变为回购的股票。三七互娱是第一家用回购的股票实施零成本员工持股计划的企业。回购的股票成为员工持股计划的股票来源意味着之前的零成本员工持股计划由大股东个人行为上升为公司整体行为,成本将由全体股东共同分担。

对以股票回购方式实现零成本员工持股计划的案例企业的研究表明,需要付出持有成本的员工持股计划的激励对象人数相对较少,且向董事和高管倾斜明显。例如,在我们考察的一家案例企业推出的员工持股计划中,参与对象为对公司整体业绩和中长期发展具有重要作用和影响的公司或控股子公司的董事(不含独立董事)、高级管理人员及核心管理层人员,共31人,不超过713.33万股;而在另外一家案例企业推出的员工持股计划中,6位董事和高管占据了员工持股计划总份额的64.59%,其中董事长兼总裁更是占到总份额的40%。

与此同时,零成本员工持股计划激励高管禁售的锁定期相对而言通常较短。例如,在我们考察的一家公司推出的员工持股计划中,解锁的绩效考核要求是以2020年的净利润为基数,2021年的净利润增长率不低于15%,2022年的净利润增长率不低于25%。而实际上这些目标与员工持股计划推出前的企业发展水平基本一致,因而并不难实现。一些公司甚至不对持有人设置绩效考核指标。

上述这些特征使我们联想到,这些零成本员工持股计划更像是基于主要管理人员的历史贡献而给予的股票奖励,成为现金薪酬发放的替代。这一猜测在分众传媒于2020年12月发布的员工持股计划董事会预案中得到了部分证实。该公司发布的公告称，根据公司薪酬管理制度，拟对 2020 年度对公司优良的经营业绩有突出贡献的管理人员及其他核心人员进行奖励，同时基于员工对公司未来的长期稳定发展充满信心，故此次年度激励拟以股权奖励方式发放，使得股东利益、公司利益和经营者利益紧密结合在一起。

第二，无论是股票回购还是推出员工持股计划，在监管政策允许甚至鼓励的范围内，都将有助于上市公司实现市值管理、提升股价的目的，因而同时受到很多上市公司的欢迎。

针对大股东通过提供股票或资金、对收益兜底、转让到期股票等方式深度参与，但一致行动关系不明等监管实践暴露出来的问题，2019 年深交所发布《上市公司信息披露指引第 4 号——员工持股计划》，对员工持股计划股票来自大股东提出了更严格的信息披露要求。我们理解，上述政策调整客观上促进了员工持股计划股票来源从大股东转让到回购的转变。而对于低迷的股价，无论是股票回购，还是推出员工持股计划，都因能够提升股价而成为潜在的市值管理手段。

我们看到，零成本员工持股计划不仅像明清时期的晋商财东向劳苦功高的掌柜授予顶身股一样完成了薪酬的发放和对努力的补偿，而且通过股票回购和员工持股计划，完成了市值管理，提升了股价，实现了多赢。我们理解，这是近年来 A 股很多上市公司推出零成本员工持股计划的深层次原因。

第三，需要提醒读者注意的是，零成本员工持股计划并非没有成本，也可能是为未来公司稳定、持续的运营潜伏了成本。

零成本员工持股计划潜在的成本主要包括以下几个方面。其

第 11 章 举步维艰的员工持股计划

一,并不能完全排除披上激励员工合法性外衣的零成本员工持股计划沦为少数内部人侵占外部分散股东利益的合法途径的可能性。这在股权相对分散、存在内部人控制问题的企业中表现得尤为明显。某科创板企业在推出"零成本+零考核"的员工持股计划后受到监管当局的问询,后来将认购成本修改为每股 10 元。

其二,沦为大股东加强公司控制的手段,演变为防御型员工持股计划。

我们注意到,一些公司的零成本员工持股计划是在大股东大比例进行股权质押,理财款爆雷导致公司股价进一步下挫之后推出的,而一些公司的零成本员工持股计划则规定,管理委员会授权公司实际控制人或其指定的其他人员在本员工持股计划存续期间行使与本员工持股计划所持股份相关的股东权利。无论是前者还是后者,大股东防御"野蛮人"入侵、加强公司控制的动机都昭然若揭。

对于员工持股计划推出背后动机的复杂性,之前我们曾经写文章提醒读者要有充分的认识。除了激励本身,员工持股计划有时候还会成为大股东强化公司控制、高管建立个人权威、公司稳定股价的手段。因此,在公司治理实践中,既存在所谓的激励型员工持股计划,也存在所谓的防御型、高管自利型和市值管理型员工持股计划。

针对目前我国 A 股中出现的零成本员工持股计划,我们这里有以下政策建议。

第一,还原员工持股计划原本设计时的激励初衷,不仅使被激励员工付出持有成本,而且需要设置严格的解锁条件。

被激励员工付出必要的持有成本,除了涉及对其他股东而言权益是否平等的问题,还有一个责任与权益对称的问题。实施员工持股计划潜在的目的之一就是让员工像股东那样,在未来能以某种方式为其所享有的权益承担对称的责任。在经济学上,我们把能够为未来承担责任的资本投入称为可承兑收入。被激励员工的可承兑收入越多,他的利益与企业价值被绑定得就越牢,未来发生道德风险行为的可能性就越小。如果得到太容易,往往不珍惜。

第二,一方面使股票奖励名正言顺,另一方面通过在股东大会表决上设置更高的通过门槛,赋予小股东阻止发生利益侵占和输送的可能性和途径。

如果是对历史贡献的承认,就像晋商财东向劳苦功高的掌柜授予顶身股一样,相信没有多少股东会不管不顾地反对,因为,激励充分的高管将为企业创造更多的价值,为股东带来更多的投资回报。

但一旦明确为对做出贡献的高管的股票奖励,激励对象就不宜太多。普惠的来者有份的员工持股计划看起来受益者很多,但真正关心企业发展者很少,相互搭便车行为严重,成为变相的大锅饭。

无成本享受和授予对象广泛的员工持股计划的一个极端例子是国企改制历史上一度推行的职工股份合作制。由于员工零成本付出的道德风险倾向,大家相互搭国家和集体的便车,职工股份合作制并没有实现预期的激励国企员工的目标,最终只能以失败告终。

近期一些上市公司推出的零成本员工持股计划所暴露出来的问题再次为我们敲响了警钟:尽管推出员工持股计划实施激励的初衷是好的,但是如果设计动机不纯、持有解锁条件和管理组织等实施环节设置不当,往往会产生激励扭曲,导致无法实现预期的激励目标。

11.3 上市公司高管拿多少薪酬才是合理的?

一度被誉为"以中国存托凭证(CDR)形式回归 A 股的中国第一家红筹上市公司"的中国电脑巨头联想集团在 2021 年国庆长假前的 9 月 30 日向上交所递出科创板 IPO 申请。长假结束后,联想集团就于 10 月 8 日宣布撤回申请,匆匆结束了被网友调侃的"科创板 1 日游"。

除了从业务特性中"看不出先进",以及研发费比重不及快递公司高等批评,联想集团这次引发舆论风暴的是 28 位董事、高级管理人员及核心技术人员平均高达 3 335.7 万元的年薪,CEO 杨元庆的年薪更是高达 2 616 万美元,约 1.7 亿元。而杨元庆 2018 年和 2019 年从联想集团获得的薪酬分别为 1 875.2 万美元、1 537.1 万美元。如果说恒大研究院前首席经济学家任泽平高达 1 500 万元的天价年薪一度让很多白领瞠目结舌、艳羡不已,那么,杨元庆即使在薪酬最低的 2019 年,其薪酬都是任泽平薪酬的"美元兑换人民币的汇率"倍。

透过联想集团被曝光的高管天价薪酬现象,我们思考的一个问题是,上市公司高管拿多少薪酬才是合理的?

第一,即使高管持有上市公司的股份,也并不意味着高管不会通过获得超额薪酬的方式来谋取所谓的私人收益。从 20 世纪 70 年代现代公司治理研究的开创者詹森和麦克林开始,公司治理的理论与实践就不断地鼓励上市公司向经理人推出股权激励计划，以协调经理人与股东之间的代理冲突，"让经理人像股东一样思考"。

尽管时至今日这一观点依然是公司治理理论与实践的主流，但不得不说的是，哈佛大学施莱弗教授和他的团队早年基于美国上市公司的一项研究表明，董事的股份与企业绩效并非简单的线性单调关系。他们的研究表明，当董事所拥有的股份从0增加到5%，反映企业市场绩效的指标托宾Q值是上升的；当董事股份在5%到25%之间时，托宾Q值是下降的；而当董事股份超过25%，托宾Q值重新开始上升。基于我国资本市场的很多经验的研究同样表明，公司价值（托宾Q值等）与控制性股东的持股比例呈U形关系。施莱弗等的研究由此提醒我们，经理人持有一定的股份并不总会使股东与经理人的利益协调起来；在一些特定区间，经理人尽管持股，但依然会追求私人收益，使公司价值进而外部股东的利益受到损害。在一些公司中，持股的高管利用其实际控制力获得的超额薪酬将成为外部分散股东不得不承担的一种特殊代理成本。

第二，尽管理论上存在度量经理人超额薪酬的方法，但它仅仅提供了一种参照系，上市公司高管究竟拿多少薪酬才算合理始终是公司治理理论与实践面临的巨大挑战之一。利用上市公司公开可获得的数据开展的实证研究中存在一个相关理论支持的利用各种合理因素进行回归拟合的基于高管"合理回报"的计量分析方法。将这一拟合的"合理回报"与高管实际获得的薪酬相减就可以得到理论上的经理人超额薪酬。但这一方法存在的潜在问题是，对于哪些因素应该被计入高管薪酬合理回报范围，理论上始终存在争议。

对思考这一问题很有启发的一个讨论是薪酬绩效敏感性的经济

含义。所谓的薪酬绩效敏感性指的是企业绩效变化带来的高管薪酬的增加幅度。如果一家公司的高管薪酬与企业绩效之间存在显著的敏感性，则这家公司针对高管设计的薪酬激励就会被认为是有效的。其理论基础源于 2007 年诺贝尔经济学奖得主迈尔森教授发展的显示原理与 2016 年诺贝尔经济学奖得主霍姆斯特姆教授发展的充足统计量原理。简单地说，就是一个人的努力是观察不到的，但努力的结果——绩效，是可以观察甚至证实的。将薪酬与绩效挂起钩来才能很好地激励高管努力付出。

Murphy 给出美国上市公司的一个经验参考值是，绩效与 CEO 薪酬的敏感度为 1 000∶6，即股东权益每提高 1 000 美元，则 CEO 可以获得 6 美元的激励报酬。而做一个简单对照，联想集团 28 位高管获得的高达 3 335.7 万元的平均薪酬，占联想集团税前净利润的 7.7%。

第三，联想集团高管薪酬引发争议很大程度上源于联想集团并非一个简单的私企，它的第一大股东是持股 30% 的具有准国资性质的中科院旗下的国科控股。这一事实加剧了很多人对联想集团高管薪酬是由于国资"所有者缺位"导致的内部人控制，进而给高管发放"超额薪酬"的联想。巴菲特控股的伯克希尔·哈撒韦为处理类似问题提供了一个典范。巴菲特本人只从其持股比例较高的伯克希尔·哈撒韦中领取 10 万美元的固定年薪。他的老搭档芒格同样如此。对于这一做法的合理性，我的一个猜测是，给定外部投资者想到巴菲特利用较高的持股比例引导董事会和股东大会通过任何有利于它本人的"合法"薪酬分配方案并不难，而巴菲特为了避免损公肥私的嫌疑和赢得股东对他的信任，自己主动向股东做出这项可置信的制度承诺。而这种被我认为是公司治理最高境界的"股东完全信任"恰恰来自包括上述制度承诺在内的巴菲特坚守的"长期主义实践"。巴菲特无疑从中赢得了众多股东的信任，乃至于一些股东认为"巴菲特做什么都是对的"。

我这里想提醒读者的是，即使发现联想集团高管的超额薪酬的制度诱因很大程度上是国资参股甚至控股，我们也应该绝对避免采用"一刀切"的限薪手段。历史上，为了减少国企高管中一度出现的超额薪酬现象，我们曾两度推出限薪政策。但"一刀切"的限薪除了不可避免地导致管理人才的流失，还会诱发经理人更多地从谋求显性薪酬转向谋求隐性薪酬。而当隐性薪酬受政府的强力反腐而不可得时，部分国企高管就会出现各种所谓的懒政、庸政和惰政。为了解决部分国企高管的"不作为"问题，我们看到，目前积极推进的国企混改的一个努力方向就是建立市场化的高管薪酬体系。从"一刀切"的限薪中，我们得到的教训已经太多太多。

第四，把历史上的补偿不足和现在也许存在的过度补偿有效地平衡起来也许才是寻求化解类似于联想集团高管薪酬争议的现实途径。

一个无法回避的事实是，包括联想集团在内的很多由国企改制而来的企业，其企业家价值的市场定价机制是扭曲的。由于长期以来受到种种政策限制，企业家应得的合理报酬并不能"合法地"获得；改制初步完成后，在一些尚未建立规范制衡的治理构架的企业中，看起来不尽"合理"的高管超额薪酬却以董事会提议、股东大会表决通过这一"合法"的方式加以发放。如果说，现在一些企业向高管发放超额薪酬是"合法但不合理"，那么，我们以前向这些优秀企业家发放与贡献不匹配的薪酬则是另外一种"合法但不合理"。作为公司治理领域的学者，我一直期待我们中国的企业能真正建立起类似于伯克希尔·哈撒韦那样权利与义务对称的薪酬体系和企业家价值定价机制。

应该说，格力电器的股改为类似联想集团这类国企改制企业解决上述问题提供了可能的思路。鉴于国资"所有者缺位"的事实，格力电器原大股东格力集团往往难以阻止管理团队提出的任何向管理团队自身发放"可能不尽合理"的超额薪酬的议案。格力集团于2019年在格力股份股价合理的区间选择出让部分股份，这样做的客观效果是，除了从转让中直接套现400多亿元外，格力集团从原来承担主要监督职责的大股东（持股18.22%）变成了搭便车的财务投资者（持股仅3.22%）。而未来董明珠团队给自己发多少则很大程度上取决于与其有限合伙人高瓴资本的协商和谅解。这在经济学上被称为"外部性"的内化。理论上，未来我们并不排除持股的董明珠为了赢得股东对她的绝对信任，像巴菲特一样宣布仅仅拿一个固定薪酬甚至零薪酬的可能性。

第 12 章
国企如何平衡社会责任和创造利润?

12.1 如何理解国企热衷于 ESG 投入的现象

ESG 是由环境(environmental)、社会(social)和治理(governance)英文首字母组成的强调企业保护环境和履行社会责任的投资和企业管理理念,于 2004 年由联合国全球契约组织最早提出。2019 年美国商业圆桌会议成员 180 多家国际知名企业的 CEO 共同签署了题为《公司的目的》的文件,为包括 ESG 在内的新一轮利益相关者主义的兴起背书。诺贝尔经济学奖得主斯蒂格利茨教授和斯宾塞教授都为此发表了热情洋溢的评论。

我们注意到,在"双碳"和新冠疫情背景下,一些国企成为 ESG 投入的急先锋。按照南开大学李维安教授团队发布的研究报告,国企参与 ESG 的热情远远高于民企。

那么,我们应该如何理解国企热衷于 ESG 投入的现象呢?

第一,作为利益相关者理论与实践的升级,ESG 大热现象是资本市场、公众舆论和公共政策制定者在寻求"最大公约数"过程中共同推动的结果。

如果我们对 ESG 概念进行理论溯源，也许它可以归于反对股权至上的利益相关者主义。所谓利益相关者主义指的是一家公司的董事应该对股东、雇员、客户、供应商、社区和政府等共同负责，而不是仅仅对股东负责。梯若尔教授认为其具有"控制权的普遍分享"和"广泛的社会责任"两个典型特征。

在国企公司治理实践中，职工监事是"控制权的普遍分享"这一利益相关者主义共同治理理论指导下的典型例证。职工监事由于无法有效对与其存在职业依附关系的高管和董事履行监督职责，在公司治理实践中受到普遍的诟病，被誉为比被称为"花瓶"的独立董事还无用的"（承托）花瓶的花瓶"。在 2023 年修订通过的《公司法》中，监事会成为选择性条款。

而公司向所有利益相关者负有的"广泛的社会责任"带来的最终后果是，"向所有人负责意味着向所有人都不负责"。例如，提高储蓄利率成为一家银行保护储户利益的借口，而降低储蓄利率则可以成为这家银行保护向其贷款的工商企业利益的借口。奉行上述实践的结果就是，这家银行无论怎么做都是对的，可以不向任何利益相关者负责。

梯若尔教授对利益相关者主义的评价是，"扩大的责任范围"和"无法落实的责任"为利益相关者主义的有效实施带来了困难。因而，利益相关者主义长期以来像人类社会很多伟大的理想一样，仅仅是"美好的愿景与伟大的理念"，无法付诸实践。历史上，美国宾夕法尼亚州曾一度以州立法的方式，强调董事向所有利益相关者负责，成为利益相关者主义的一次难得的试验。但随着很多原来在宾夕法尼亚州注册的公司宣布退出,该试验草草收场。

我们知道,股东之所以成为公司治理的权威,在诺贝尔经济学奖得主哈特教授看来,恰恰是由于在分配利润时受益顺序排在最后的股东,可以用出资入股的真金白银为自己在股东大会上所做的最后裁决承担相应责任。股东在公司治理中的权威性体现在:一方面股东大会作为公司的最高权力机构,以投票表决的方式对公司重大事项做出最后裁决;另一方面各国公司法普遍规定董事应该对股东负有诚信责任,没有严格履行诚信责任的董事将受到股东的集体诉讼。

与提供抵押担保才能获得债务融资不同,上市公司获得股东权益融资并不需要提供抵押和担保,甚至"除非董事会做出决议,否则发放股利不是公司的义务"。如果没有向股东做出(集体享有)所有者权益的承诺,上市公司凭什么吸引和激励股东把自有资金借贷给由陌生的职业经理人经营的公司呢?因而,股东成为公司治理的权威,并非由于资本本身的稀缺和重要,而是因为在这样的制度安排下,权利和义务得到较好的匹配,当事人的道德风险倾向最小。

也许我们可以把今天大热的 ESG 现象理解为是对利益相关者主义的升级:首先,它不再像利益相关者主义那样太多强调企业对雇员负有的责任,因为雇员有《劳动法》和理论上的工会的保护;其次,它也不再太多强调企业对客户负有的责任,因为客户有《民法典》和《消费者权益保护法》对他们的保护。去掉了责权无法匹配的雇员和客户后,ESG 保留了似乎与每个人都有关系,因而每个人都没有理由反对的"环境"和"社会责任"。这就好比制度、文化与价值观并不完全相同的两个国家在寻求国际合作时,在有限的选项中只能选择环境和公共卫生等；或者如同两个生活在 20 世纪 60 年代的陌生人见面往往问候对方"吃了吗"，而在 21 世纪两个陌生人见面就会大聊特聊"今天的天气如何"。

概括而言，出于寻求共同兴趣的目的，当经济停滞、市场低迷，对于缺乏好的题材和元素的资本市场，ESG 概念自然就成为合适的题材。因此，ESG 大热现象是资本市场、公众舆论和公共政策制定者在寻求"最大公约数"过程中共同推动的结果。而 2020 年新冠疫情的爆发使人类命运变得息息相关，加剧了解决环境保护这些人类共同面对的问题的诉求，进一步为 ESG 成为流行研讨主题推波助澜。

第二，ESG 应该成为一家企业平衡长期发展战略与短期经营目标后自行做出的选择，而不应成为企业类似于纳税一样的社会责任。

尽管是利益相关者主义的升级，但 ESG 概念在强调企业广泛的责任上并没有太实质的改变。这使得企业依然不得不在"既要又要还要更要各种要"存在冲突的多目标的决策环境中艰难平衡。

ESG 投入必然在短期内为企业带来成本的增加，这是一个不争的事实。因此，我们需要基于大样本的数据证明，从长期看 ESG 投入可以为企业带来稳定的价值增加，因而 ESG 投入对于一家企业是一项可持续的事业，而不仅仅是呼应甚至顺从政府或者类似于商业圆桌会议这样的企业自治组织的倡导。那些倡导 ESG 的学者和媒体试图建立企业积极履行社会责任、保护环境、树立良好公众形象，由此给企业带来更多回报的实现机制与链条。然而，令人感到十分遗憾的是，一家企业究竟是由于履行社会责任、树立良好形象而获利,还是由于企业盈利状况允许企业履行更多的社会责任,我们不得而知。原因是,从经验上看,往往是那些盈利状况可观的企业才更容易履行社会责任,甚至一家优秀的企业往往会同时关注创造利润和履行社会责任。由于无法有效解决实证研究的因果识别和内生性控制问题,这些实现机制与链条至少从目前的经验证据看还不够清晰和令人信服。

因而,对于国企,强调社会责任、鼓励环境保护的 ESG 概念作为一种"美好愿景与伟大理念"也许并没有错,甚至很棒。但需要把它交给企业,由企业平衡长期发展战略与短期经营目标后自行做出选择,而不应成为企业类似于纳税一样的社会责任。毕竟,"创造利润并增加税收才是一个企业最大的社会责任"。

12.2 对 ESG 概念过度强调可能会带来的恶果

2022 年底,我注意到,在一家头部电商召开的内部会议上,创始人点名批评零售业务高管,称高管们偏离了经营战略的核心,即成本、效率、体验三点,并将体验进一步细化为产品、价格、服务三个方面。他说,"与此无关的一切工作都是无效的"。而一家生产手机的著名企业则明确提出,放弃销售规模,专注有利润的现金流。"春江水暖鸭先知",对于 ESG 这类概念是否适用于一家企业,也许企业最有发言权。

事实上,英美一些国家正在掀起质疑 ESG 投资的风暴。福克斯新闻主持人塔克·卡尔森(Tucker Carlson)表示,如果过度关注环境和社会问题,公司可能会忽视其为客户和股东实现收益最大化的诚信义务；黑石前可持续投资主管 Tariq Fancy 指出，通过夸大企业自愿行为所能实现的目标，领先的金融公司实际上正在破坏旨在真正发挥作用的政府严肃措施的努力；在评级机构标准普尔将特斯拉从一个主要的 ESG 指数中移除之后，马斯克称"ESG 是一个骗局"，它已成为"虚假的社会正义战士"的武器，他甚至提道，"一些学者预测，ESG 这一概念实际上可能被完全弃用"。

而就在 2023 年 2 月 21 日，37 岁的生物技术和医疗保健企业家维韦克·拉马斯瓦米（Vivek Ramaswamy）宣布竞选 2024 年的美国总统，成为第三个正式宣布参选的共和党人。他在申明中谴责了在他看来由左翼意识形态驱动的所谓的"国家认同危机"，他说这种意识形态已经用"新的世俗宗教，如新冠肺炎论、气候论和性别意识形态"取代了"信仰、爱国主义和努力工作"。

纽约大学商学院的 Aswath Damodaran 教授在他的博客上对 ESG 概念进行了系统全面的批评。例如，他指出 ESG 评价标准不统一，不同评级机构给出的评分相关性很低；质疑 ESG 承诺的好处；质疑 ESG 宣传者的动机，因为 ESG 的倡导者、评级机构、投资基金和顾问更可能从 ESG 中受益；质疑 ESG 下强加的道德准则。他甚至把 ESG 的倡导者称为"道貌岸然且傲慢的傻瓜"（sanctimonious and arrogant twits）。

在没有为企业发自内心、自觉自愿进行 ESG 投入找到令人信服的理由之前，对 ESG 概念过度强调也许会带来以下潜在恶果。

其一，容易淡化企业税收的责任。弗里德曼曾经说，"创造利润才是一个企业最本质的工作"。如果一个企业确实需要履行社会责任，那么，在我看来，"增加税收才是一个企业最大的社会责任"。要求一个甚至没有创造利润和缴纳税收的企业去奢谈社会责任，这似乎不仅是舍本逐末，而且是缘木求鱼。

其二，容易淡化政府作为公共品提供者的责任。提供容易产生相互搭便车心理而最终无人提供的公共品是政府向纳税的公民和企业做出的基本承诺和政府存在的现实理由之一。如果环境保护责任都由企业来履行，那公民和企业纳税的意义何在？政府存在的意义何在？容易理解，在 ESG 概念推广过程中，政府不但不会反对，反而会予以鼓励。

中国 40 多年来持续推动市场导向的经济转型让市场机制在资源配置中发挥了基础性（决定性）作用。人类社会的每一次进步都是专业化分工深化推动的结果，市场经济的核心内涵之一就是基于市场实现专业化的深度分工。一家企业通过向市场提供商品与服务和缴纳税收参与社会分工，不仅可以避免"既要又要还要更要各种要"下的多目标决策冲突，而且可以聚焦主业，在"干中学"（learning by doing）中积累经验，不断提升效率。一个缴纳 100 亿元税收（后续通过政府 PPP 提供环境保护等公共品）的企业和一个缴纳 50 亿元税收但做了 15 亿元公益性捐赠的企业，哪一个对社会的贡献更大呢？

其三，ESG 导向下的相关政策不可避免地会产生激励扭曲。ESG 导向下相关政策至少会带来以下两方面的潜在激励扭曲：一方面是类似于在芯片等产业政策扶持下企业的道德风险行为，一些企业以推进 ESG 之名，行骗取政府相关财政补贴之实；另一方面是业绩目标难以简单量化，只有目前投入，无法观察未来收入的 ESG 投入无疑为具体涉及 ESG 投入的部分企业高管带来谋求私人利益的可能性，在 ESG 投入过程中企业将出现大量代理问题，引发高的代理成本。例如，部分"花别人的钱，办别人的事"的国企高管，可以"既不讲效率，也不讲成本"地"慷国企之慨"，以"利他"名义实现自利的目标。这也许是相比于民企，国企在 ESG 投入上更为积极背后的原因之一。在我和我的团队以公益性捐赠为例完成的国企高管政治晋升激励扭曲的研究中，我们发现，不计成本的公益性捐赠有助于国企高管实现政治晋升，但损害了包括国资在内的股东的利益，成为全体股东被迫承担的特殊代理成本。因而，看起来作为企业社会责任体现"利他"的公益性捐赠一定程度上异化为部分国企高管"损人利己"的形象工程。

同样在 2022 年，我和我的团队长期关注的一家新经济头部企业发布了 ESG 报告。这家长期特立独行、我行我素的企业曾经在商业模式发展和公司治理制度设计上做出许多重大创新。在平台规范和疫情持续的双重打击下，这家企业开始发布 ESG 报告。让我感到迷茫和困惑的是，我不知道这一行为是代表该企业在继续追求卓越，还是代表它开始走向平庸？

12.3 从硅谷银行被接管看 ESG 实践的挑战

2023 年 3 月，资产规模超过 2 000 亿美元、全美排名第 16 的硅谷银行的倒闭重新唤起人们对引发 2008 年全球金融海啸的"雷曼时刻"的记忆。令很多人意外的是，倒闭的硅谷银行居然是 ESG 实践的优等生。那么，从硅谷银行的 ESG 实践，我们可以得到哪些有趣的启发呢？

对于硅谷银行暴露出来的问题，很多学者已经正确地指出，这很大程度上与在美联储利息政策大幅调整的背景下，储户结构单一的硅谷银行资产负债久期错配有关。尽管很多人用"当你发现一只蟑螂的时候，房间里多半已经是蟑螂的大本营了"来描述对硅谷银行引发的金融危机在持续蔓延的担心，但我倾向于赞同诺贝尔经济学奖得主保罗·克鲁格曼（Paul Krugman）的观点。克鲁格曼教授在他《纽约时报》的专栏文章中写道，和雷曼兄弟完全不同，硅谷银行只是一家"闲聊及有气氛的银行"（schmoozing and vibes bank）。他认为这次事件可能影响创投生态系统，但仅限于相关行业，不会导致银行倒闭潮。

围绕颇吸引眼球的硅谷银行倒闭事件，一些媒体注意到，在问题被暴露的前几周，其 CEO 出售其母公司上市公司硅谷银行金融集团股票，套现 227 万美元；甚至在被美国联邦存款保险公司（FDIC）接管的数小时前，硅谷银行还发放了员工年终奖；一些媒体甚至挖掘到在硅谷银行的高管团队中有人（Joseph Gentile, CAO）曾担任雷曼兄弟全球投资银行首席财务官；等等。

作为公司治理领域的研究者，一段时间以来，我不断收到记者朋友们的发问——这次硅谷银行的倒闭是否表明它的治理环节同样出了问题？

为了回答记者朋友们提出的问题，我和我的团队认真地研究了硅谷银行的公司治理状况。让我和我的团队颇感意外的是，至少从公开的信息看，硅谷银行在治理上，尤其在近年来在中国学术界与实务界十分流行的 ESG 实践方面可谓"可圈可点"。

成立了许多 ESG 工作组的硅谷银行正是这样一家严格奉行 ESG

第 12 章 国企如何平衡社会责任和创造利润？

投资理念的银行。在权威的 MSCI 指数（明晟指数）的 ESG 评级中，硅谷银行的等级从 2017 年到 2022 年连续 5 年都是 A 级。它不仅每年都发布 CSR/ESG 报告，而且于 2021 年还按照可持续发展会计准则委员会（SASB）、气候相关财务信息披露工作组（TCFD）和世界经济论坛（WEF）的要求做了专项披露。它先后入选《新闻周刊》评选的美国最负责任公司、公正资本评选的美国最公正公司、《硅谷商业杂志》（*Silicon Valley Business Journal*）评选的优秀慈善企业等。即使在硅谷银行被接管前不久，福布斯 2023 年 2 月中旬公布的年度美国最佳银行榜单中，硅谷银行在 100 家银行中还排名第 20 位。值得一提的是，硅谷银行还入选彭博性别平等指数（GEI），成为今天公司治理实践中倡导"女性董事"的典范。

硅谷银行的母公司硅谷银行金融集团还在北京和上海分别设有创业投资管理公司和科创商务顾问公司，并在杭州投资成立了一家贷款担保公司。这家曾经被认为管理有方的银行还在中国成立了一个"复旦硅谷银行管理大师论坛"，分享其管理之道，其中包括 ESG 投资理念。

那么，从硅谷银行的 ESG 实践中，我们可以得到哪些启发呢？

第一，ESG 实践也许可以在一家企业顺风顺水发展之时使其"锦上添花"，但无法保证企业在陷入困境时"雪中送炭"。

很多企业热衷于在公司治理实践中践行 ESG 投资理念，原因在于，对 ESG 信号的解读可以帮助企业更好地规避高风险，使企业获得稳定的回报。由于疫苗事件，引发全民关注、给市场带来恶劣影响的长生生物成为忽视社会责任、内部治理存在重大缺陷的典型案例。

在硅谷银行的案例中，我们很遗憾地看到，ESG 投资理念和那些基于 ESG 投资理念选择的金融服务对象都没能帮助硅谷银行渡过难关。挤提危机之下，没有一个储户不恐慌，早把 ESG 理念抛到了九霄云外。

硅谷银行的 ESG 经历显然为上述风暴提供了一个小小的注脚：与其在 ESG 上投入太多，不如在做好资产负债久期管理上更加实际一些。

第二，在银行遇到挤提危机时，靠谱的金融监管比 ESG 投资理念管用得多。

尽管总部位于加利福尼亚州圣克拉拉的硅谷银行曾为全美第 16 大银行，但说倒下很快就倒下了。企业在市场和监管面前脆弱不堪。

庆幸的是，无论是防范风险扩散还是维护市场稳定，美国的金融监管的理念和行动都十分给力。硅谷银行突然遭遇储户挤提，在 48 小时内，硅谷银行就被美国加利福尼亚州金融保护和创新部（DFPI）关闭，并被交由美国联邦存款保险公司接管。美国财政部、美联储及联邦存款保险公司更是于 2023 年 3 月 12 日晚间发表联合声明，向硅谷银行储户保证他们可以在 13 日取回所有存款。硅谷银行是与中国关系最为紧密的美国金融机构之一。按照我国一些公司发出的安抚投资者或客户的公告，它们在硅谷银行的存款已经取回。

而与相对靠谱的美国金融监管相比，看起来比 ESG 理念和实践更不靠谱的是美国利息政策的制定者美联储。在 2020 年左右把利息压低到几乎为零的是它，而 2022 年以来为了抑制通胀展开激进的加息行动，把利率在一年间上调至近 5% 的也是它。对于追求盈利同时严格奉行 ESG 投资理念的硅谷银行，在 2020 年左右将吸纳的很多科技公司的存款投资于美国长期国债以及政府背书的 MBS（抵押贷款支持证券），以获得 2%～3% 的年化回报何错之有？2022年硅谷银行的储户们看到货币市场基金的利息近 5%，于是纷纷取出存款去投资。为了应对客户取款，硅谷银行只好去变卖尚未到期的美国长期国债，并希望通过资本市场融资来弥补折价变卖美国长期国债带来的损失，这看上去又何错之有？如果没有上述利息在短期内急剧调整的变故，硅谷银行完全可以持有美国长期国债到期还本付息，没有任何损失。

然而，看了那么多的评论文章，我鲜有看到批评美联储的。美联储的货币政策的权威地位依然不可动摇，美联储主席鲍威尔依然像神一样存在。甚至不少人期待在我看来是硅谷银行这场危机的制造者的美联储在关键时候出手拯救陷入危机的硅谷银行和它的客户。

硅谷银行完全没有受到这样的礼遇。作为曾经的 ESG 标兵的硅谷银行被人们"鸡蛋里挑骨头"地从资产组合策略到公司治理寻找问题的原因，甚至连直到 2023 年 3 月初才发放上一年度的年终奖也不放过。

在 2008 年全球金融风暴爆发后，学术界曾掀起反思凯恩斯主义的思潮，一度有学者提出"彻底埋葬凯恩斯主义"。十多年过去了，当硅谷银行发生挤提危机时，人们依然故我地把板子打在了问题企业的身上。我在想，如果没有美联储频繁的出于特定目的的利息政策调整，作为 ESG 标兵的硅谷银行会在无任何特殊征兆下轰然倒地吗？退一步说，即使需要调整利息政策，美联储能科学评估它带给类似硅谷银行这样的中小银行的潜在危机吗？

结语
国企未来应该建立怎样的现代企业制度?

国企混合所有制改革与国有资本投资管理体系改革涉及的更为根本和基础的问题是:国企未来应该建立怎样的现代企业制度?

对现代企业制度的讨论,让我们从回顾修饰企业制度的定语——"现代化"或者"现代性"这一概念开始。霍布斯鲍姆曾经说过,"工业革命标志着有文字记录以来世界历史上最根本的一次人类生活转型",它"代表了一种新的人际经济关系、一种新的生产体制、一种新的生活节奏、一个新的社会、一个新的历史时代"[1]。所谓的"现代化"或者"现代性"指的是与过去(例如中世纪的欧洲)相比,通过工业革命人类社会生活在以下方面发生了质的改变,人类社会开始摆脱蒙昧、贫穷、落后,步入富足、平等、进步的现代文明。其一,以纽科门、瓦特、博尔顿等发明的蒸汽动力代替人力与畜力,人类逐步从繁重的"面朝黄土背朝天"的体力劳动中解放出来,休闲与娱乐成为人类生活的新的内涵之一。其二,人类的生活

---

[1] 霍布斯鲍姆. 工业与帝国:英国的现代化历程. 北京:中央编译出版社,2016.

结语 国企未来应该建立怎样的现代企业制度？

空间从一天步行往返的"十里八乡"扩展到天涯咫尺的环球旅行，甚至不排除未来移民火星的可能性。其三，不断被重新定义的奢侈品概念。英国工业革命早期被当时民众普遍认为的奢侈品诸如糖和咖啡等早已离开奢侈品的清单，而如今对于什么是奢侈品，对很多人而言，既可能说得清楚，也可能说不清楚。用亚当·斯密的话来说，"（工业革命推动的）国民财富的积累能让普通劳工过上比新石器时代非洲的王子还要好的生活"。

而所谓的现代企业制度指的是在现代化过程中人类社会中完成生产和销售活动的经济主体——企业的组织运行方式。换句话说，建立现代企业制度需要回答的基本问题是企业应该如何有效组织和运行，以实现人类社会现代化的目标。

提起现代企业制度，我们不得不谈到人类历史上第一家现代股份公司——诞生于1602年的荷兰东印度公司。这一事件被公认为现代企业制度建立的肇始。当时3 000多名身份分别为牧师、律师和农场主等的投资者购买了从事航海贸易的荷兰东印度公司发行的股票，成为该公司的股东。1611年为了方便部分股东退出，人类历史上第一家股票交易所在阿姆斯特丹荷兰东印度公司总部不远的地方设立。

我喜欢用"带来人类社会的两场革命"这句话来评价荷兰东印度公司诞生的历史意义。第一场革命是生产组织方式的革命。现代股份公司出现后，人类社会逐步从丈夫购买羊毛，妻子和孩子纺织的家庭手工作坊过渡到类似阿克莱特水力棉纺厂那样的具有独立动力设备，形成庞大生产流水线的现代化大生产。第二场革命是融资实现方式的革命。从依靠对方提供抵押和担保，往往发生在熟人之间，可以进行适度风险管理和控制的债务融资过渡到对方不会提供抵押和担保，往往发生在"一次性"的陌生人之间，充满更多不确定性的权益融资。人类历史上第一条投入商业运营的铁路是修建于1830年的英国从曼彻斯特到利物浦的全程35英里的铁路。不要忘记的是，这条铁路是在1826年英国国会颁布的《英国铁路法案》的支持下，同年发行股票，向社会筹集资金完成建设的。正是如此，在《资本论》中马克思才有了"假如必须等待积累去使某些单个资本增长到能够修建铁路的程度，那末恐怕直到今天世界上还没有铁路。但是，集中通过股份公司转瞬之间就把这件事完成了"[①]的论断。

我们应该如何概括和总结从荷兰东印度公司开始不断建立和完善的现代企业制度的核心逻辑呢？

也许，我们可以用以下三句话来概括和总结。第一句话是"由于资本具有责任承担能力，股东成为公司治理的权威，集体享有所有者权益"。企业在分配利润时，股东排在所有利益相关者的最后。这体现在资产负债表上就是权益的价值等于资产的价值减去负债的价值。为了鼓励股东在公司不必向其提供"抵押"和"担保"、"往往发生在陌生人之间"和"充满更多不确定性"的情况下投入真金白银，现代股份公司通过在法律上承认股东集体享有所有者权益的方式确立了股东作为公司治理的权威。股东作为公司治理的权威体现在以下两个方面：一是股东大会作为公司最高权力机构，对公司的重大事项以集体表决方式进行最后裁决；二是董事和管理层作为

[①] 马克思. 资本论：第1卷. 北京：人民出版社，1975.

股东的受托人对股东负有法律上的诚信责任,违反诚信责任的董事和高管将遭受股东发起的集体诉讼。我们看到,股东之所以成为公司治理的权威,不是由于资本与其他生产要素相比稀缺和重要,而是由于股东能够用投入的真金白银为可能做出的错误决策承担责任。在这样的企业制度设计下,当事人发生道德风险行为的可能性最小。新一轮国企混改强调引入民资背景的战投,在我看来,一个十分重要的目的是"实化股东的责任",让那些真正能够为做出错误决策承担责任的民资背景的战投参与决策。

第二句话是"股东委派董事会监督经理人,激励经理人,缓解由于所有权与经营权分离产生的利益冲突,董事会成为公司治理的核心"。回到荷兰东印度公司。当时购买股票从而成为股东的3 000多名投资者中既有牧师、律师,又有农场主和作坊主,那如何确保这些投资者按时收回投资并取得合理回报呢?这3 000多名股东选举了70人组成董事会(其中的"十七绅士"为董事会的代表),代表他们监督公司的运营管理。董事会由于把负责出资的股东与负责经营的管理团队二者连接起来,由此成为"公司治理的核心"。

由于所有权与经营权分离,远离生产经营的股东与具体负责经营的管理团队不可避免地面临信息不对称问题,这使得管理团队具备发生道德风险行为的条件和能力。此时,让信息更加对称和具有专业知识的董事来评估企业绩效、监督和激励经理人,在制度设计上显然要优于外部分散和信息不对称的股东。但作为股东的受托人,董事从提名、绩效评估,直到辞退、履职的各环节反过来要受到股东的制约。这些聘请的董事需要对股东负有法律上的诚信责任，违反诚信责任的董事将受到股东的集体诉讼。

第三句话是"在通过董事会监督和激励经理人，防范经理人道德风险的前提下，鼓励经理人发挥专业优势，为股东创造价值"。我们看到，以荷兰东印度公司为代表的现代股份公司的成功，恰恰在于通过股东所有权与经理人经营权的分离带来了股东风险分担与经理人职业经营二者之间的专业化分工，实现了效率的提升。因而，一个有效的现代企业制度不应担心所有权与经营权分离，而应担心二者分离得不够，没有做到专业化分工。当然，所有权与经营权实现有效分离的前提是形成诸如董事会等制度，以形成对经理人的约束与制衡。

从荷兰东印度公司诞生迄今四百多年的现代股份公司实践来看，不断完善和修正的由上述三句话概括的现代企业制度的运行总体是有效的。经济学家巴特勒曾经说过，"现代股份公司是近代人类历史中一项最重要的发明"，"如果没有它，连蒸汽机、电力技术发明的重要性也得大打折扣"。如果我们观察到哪一家股份公司出了问题，那一定是上述三个方面中的某一个或某几个环节出了问题。

相信很多读者和我一样注意到，一段时期以来，包括北大方正、中国海航等在内的中国企业出了问题。简单的分析表明，这些企业不是由于经营和管理做得不好，而是由于没有形成好的现代企业制度，治理出了问题。因此，几年前我曾提出"中国步入公司治理时代"的说法。

鉴于上述现代企业制度在实际运行中的成功，而且被很多成熟市场经济国家普遍证明有助于实现现代化的事实，今天我们在讨论国有企业建立现代企业制度时,也许应该在充分吸收、借鉴和遵循现代企业制度的核心逻辑的基础上,在法治框架下不断完善我国国企的现代企业制度,以此来体现现代企业制度所谓的"中国特色"。

围绕国资普遍存在的所有者缺位和无法有效实现保值增值的问题,未来在企业制度设计上也许可以从以下两个方面来体现现代企业制度的"中国特色"。

第一,在股东层面,可以考虑借鉴英国私有化过程中的类似做法,对潜在损害国资股东利益的股东大会议案考虑设置"金股","事中"由授权的国有资本投资、运营公司代行一票否决权。值得强调的是,行使"金股"一票否决权的前提是我们有足够的证据表明相关股东大会议案将确实有损国资股东的利益。这样做的好处是,没有从根本上损害股东大会作为公司最高权力机构的权威性,是在股东层面针对国资所有者缺位的独特性,在法治框架下引入的。这反过来也意味着,除非相关议案确实有损国资股东的利益,否则我们完全没有必要太多插手和干预在专业的董事会的监督下职业经理人从增加公司价值角度做出的专业决策,以实现所有权与经营权有效分离下的专业化分工带来的效率提升。

第二,以国资委相关机构作为特别代表人,"事后"对公司损害国资股东利益的行为发起集体诉讼,利用法治的力量对损害国资股东利益的行为形成威慑。这一建议的提出直接受 2021 年康美药业案的启发。对于规范独董行为,从郑百文案开始,我们的监管一直在以各种监管处罚的方式行动,但独董履职中十分常见的"在其位不谋其政"这一顽疾很难根除。而康美药业案发生后,中小投资者通过特别代表人诉讼制度发起了"中国式集体诉讼",面对天价民事责任赔偿的风险,很多"南郭独董"纷纷选择了辞职。

如果说,通过国有资本投资、运营公司在必要时行使"金股"的一票否决权是"事中"对潜在遭受损害的国资股东利益的一种救济,那么,国资委相关机构作为特别代表人发起集体诉讼则成为"事后"对遭受损害的国资股东利益的一种救济。二者共同构成了现代企业制度的所谓"中国特色"。其核心目的是在遵循和传承现代企业制度数百年运行建立的核心逻辑的基础上,结合国资面临的所有者缺位等现实问题实事求是地形成所谓的"中国特色"。

综上,检验一个具有上述中国特色的现代企业制度是否有效的标准也许是,其是否真正有利于帮助我们的国企高效地组织和运行。